Siempre con Él

*Una meditación
para cada día*

Ediciones Palabra
Madrid

© Fulgencio Espa Feced, 2024
© Antonio Fernández Velasco, 2024
© Fernando del Moral Acha, 2024
  Ediciones Palabra, S.A., 2024
  Paseo de la Castellana, 210 – 28046 MADRID (España)
  Telf.: (34) 91 350 77 20 – (34) 91 350 77 39
  www.palabra.es
  palabra@palabra.es

Diseño de portada: Equipo de producción
ISBN: 978-84-1368-335-5
Depósito legal: M-20.489-2024
Impresión: Gohegraf, S.L.
Printed in Spain – Impreso en España

FULGENCIO ESPA
ANTONIO FERNÁNDEZ
FERNANDO DEL MORAL

Siempre con Él

Una meditación
para cada día

Tiempo ordinario
Semanas XXVIII-XXXIV

PALABRA

CALENDARIO LITÚRGICO	2024 B	2025 C	2026 A	2027 B	2028 C	2029 A	2030 B	2031 C	2032 A	2033 B	2034 C
2ª después de Navidad	—	5 ene.	4 ene.	3 ene.	2 ene.	—	—	5 ene.	4 ene.	2 ene.	—
Epifanía del Señor	6 ene.	6 ene.	6 ene.	6 ene.	6 ene.	6 ene.	6 ene.	6 ene.	6 ene.	6 ene.	6 ene.
Bautismo del Señor	7 ene.	12 ene.	11 ene.	10 ene.	9 ene.	7 ene.	13 ene.	12 ene.	11 ene.	9 ene.	8 ene.
2º de tpo. ordinario	14 ene.	19 ene.	18 ene.	17 ene.	16 ene.	14 ene.	20 ene.	19 ene.	18 ene.	16 ene.	15 ene.
3ª de tpo. ordinario	21 ene.	26 ene.	25 ene.	24 ene.	23 ene.	21 ene.	27 ene.	26 ene.	25 ene.	23 ene.	22 ene.
4ª de tpo. ordinario	28 ene.	2 feb.	1 feb.	31 ene.	30 ene.	28 ene.	3 feb.	2 feb.	1 feb.	30 ene.	29 ene.
5ª de tpo. ordinario	4 feb.	9 feb.	8 feb.	7 feb.	6 feb.	4 feb.	10 feb.	9 feb.	8 feb.	6 feb.	5 feb.
6ª de tpo. ordinario	11 feb.	16 feb.	15 feb.	—	13 feb.	11 feb.	17 feb.	16 feb.	—	13 feb.	12 feb.
7ª de tpo. ordinario	20 may.	23 feb.	—	17 may.	20 feb.	21 may.	24 feb.	23 feb.	17 may.	20 feb.	19 feb.
8ª de tpo. ordinario	27 may.	2 mar.	25 may.	24 may.	27 feb.	28 may.	3 mar.	—	24 may.	27 feb.	29 may.
9ª de tpo. ordinario	3 jun.	—	—	31 may.	5 jun.	4 jun.	—	2 jun.	31 may.	—	5 jun.
MIÉRCOLES DE CENIZA	14 feb.	5 mar.	18 feb.	10 feb.	1 mar.	14 feb.	6 mar.	26 feb.	11 feb.	2 mar.	22 feb.
1ª de Cuaresma	18 feb.	9 mar.	22 feb.	14 feb.	5 mar.	18 feb.	10 mar.	2 mar.	15 feb.	6 mar.	26 feb.
2ª de Cuaresma	25 feb.	16 mar.	1 mar.	21 feb.	12 mar.	25 feb.	17 mar.	9 mar.	22 feb.	13 mar.	5 mar.
3ª de Cuaresma	3 mar.	23 mar.	8 mar.	28 feb.	19 mar.	4 mar.	24 mar.	16 mar.	29 feb.	20 mar.	12 mar.
4ª de Cuaresma	10 mar.	30 mar.	15 mar.	7 mar.	26 mar.	11 mar.	31 mar.	23 mar.	7 mar.	27 mar.	19 mar.
5ª de Cuaresma	17 mar.	6 abr.	22 mar.	14 mar.	2 abr.	18 mar.	7 abr.	30 mar.	14 mar.	3 abr.	26 mar.
Domingo de Ramos	24 mar.	13 abr.	29 mar.	21 mar.	9 abr.	25 mar.	14 abr.	6 abr.	21 mar.	10 abr.	2 abr.
SAN JOSÉ	19 mar.	19 mar.	19 mar.	19 mar.	20 mar.	19 mar.	19 mar.	19 mar.	19 mar.	19 mar.	20 mar.
ANUNCIACIÓN DEL SEÑOR	8 abr.	25 mar.	25 mar.	5 abr.	25 mar.	9 abr.	25 mar.	25 mar.	5 abr.	25 mar.	25 mar.
DOMINGO DE PASCUA	31 mar.	20 abr.	5 abr.	28 mar.	16 abr.	1 abr.	21 abr.	13 abr.	28 mar.	17 abr.	9 abr.
2º de Pascua	7 abr.	27 abr.	12 abr.	4 abr.	23 abr.	8 abr.	28 abr.	20 abr.	4 abr.	24 abr.	16 abr.
3ª de Pascua	14 abr.	4 may.	19 abr.	11 abr.	30 abr.	15 abr.	5 may.	27 abr.	11 abr.	1 may.	23 abr.
4ª de Pascua	21 abr.	11 may.	26 abr.	18 abr.	7 may.	22 abr.	12 may.	4 may.	18 abr.	8 may.	30 abr.
5ª de Pascua	28 abr.	18 may.	3 may.	25 abr.	14 may.	29 abr.	19 may.	11 may.	25 abr.	15 may.	7 may.
6ª de Pascua	5 may.	25 may.	10 may.	2 may.	21 may.	6 may.	26 may.	18 may.	2 may.	22 may.	14 may.
7ª de Pascua (Ascensión)	12 may.	1 jun.	17 may.	9 may.	28 may.	13 may.	2 jun.	25 may.	9 may.	29 may.	21 may.
PENTECOSTÉS	19 may.	8 jun.	24 may.	16 may.	4 jun.	20 may.	9 jun.	1 jun.	16 may.	5 jun.	28 may.
Lunes después Pentecostés	20 may.	9 jun.	25 may.	17 may.	5 jun.	21 may.	10 jun.	2 jun.	17 may.	6 jun.	29 may.
Comienza sem. del tpo. ord.	7ª sem.	10ª sem.	8ª sem.	7ª sem.	9ª sem.	7ª sem.	10ª sem.	9ª sem.	7ª sem.	10ª sem.	8ª sem.
Santísima Trinidad	26 may.	15 jun.	31 may.	23 may.	11 jun.	27 may.	16 jun.	8 jun.	23 may.	12 jun.	4 jun.
Cuerpo y Sangre de Cristo	2 jun.	22 jun.	7 jun.	30 may.	18 jun.	3 jun.	23 jun.	15 jun.	30 may.	19 jun.	11 jun.

CALENDARIO LITÚRGICO	2024 B	2025 C	2026 A	2027 B	2028 C	2029 A	2030 B	2031 C	2032 A	2033 B	2034 C
9ª de tpo. ordinario	3 jun.	—	1 jun.	31 may.	5 jun.	4 jun.	—	2 jun.	31 may.	—	5 jun.
10ª de tpo. ordinario	9 jun.	9 jun.	8 jun.	6 jun.	12 jun.	10 jun.	10 jun.	9 jun.	6 jun.	6 jun.	11 jun.
11ª de tpo. ordinario	16 jun.	16 jun.	14 jun.	13 jun.	19 jun.	17 jun.	17 jun.	16 jun.	13 jun.	13 jun.	18 jun.
12ª de tpo. ordinario	23 jun.	23 jun.	21 jun.	20 jun.	25 jun.	24 jun.	24 jun.	22 jun.	20 jun.	20 jun.	25 jun.
13ª de tpo. ordinario	30 jun.	29 jun.	28 jun.	27 jun.	2 jul.	1 jul.	30 jun.	29 jun.	27 jun.	26 jun.	2 jul.
14ª de tpo. ordinario	7 jul.	6 jul.	5 jul.	4 jul.	9 jul.	8 jul.	7 jul.	6 jul.	4 jul.	3 jul.	9 jul.
15ª de tpo. ordinario	14 jul.	13 jul.	12 jul.	11 jul.	16 jul.	15 jul.	14 jul.	13 jul.	11 jul.	10 jul.	16 jul.
16ª de tpo. ordinario	21 jul.	20 jul.	19 jul.	18 jul.	23 jul.	22 jul.	21 jul.	20 jul.	18 jul.	17 jul.	23 jul.
17ª de tpo. ordinario	28 jul.	27 jul.	26 jul.	25 jul.	30 jul.	29 jul.	28 jul.	27 jul.	25 jul.	24 jul.	30 jul.
18ª de tpo. ordinario	4 ago.	3 ago.	2 ago.	1 ago.	6 ago.	5 ago.	4 ago.	3 ago.	1 ago.	31 jul.	6 ago.
19ª de tpo. ordinario	11 ago.	10 ago.	9 ago.	8 ago.	13 ago.	12 ago.	11 ago.	10 ago.	8 ago.	7 ago.	13 ago.
20ª de tpo. ordinario	18 ago.	17 ago.	16 ago.	15 ago.	20 ago.	19 ago.	18 ago.	17 ago.	15 ago.	14 ago.	20 ago.
21ª de tpo. ordinario	25 ago.	24 ago.	23 ago.	22 ago.	27 ago.	26 ago.	25 ago.	24 ago.	22 ago.	21 ago.	27 ago.
22ª de tpo. ordinario	1 sep.	31 ago.	30 ago.	29 ago.	3 sep.	2 sep.	1 sep.	31 ago.	29 ago.	28 ago.	3 sep.
23ª de tpo. ordinario	8 sep.	7 sep.	5 sep.	5 sep.	10 sep.	9 sep.	8 sep.	7 sep.	5 sep.	4 sep.	10 sep.
24ª de tpo. ordinario	15 sep.	14 sep.	13 sep.	12 sep.	17 sep.	16 sep.	15 sep.	14 sep.	12 sep.	11 sep.	17 sep.
25ª de tpo. ordinario	22 sep.	21 sep.	20 sep.	19 sep.	24 sep.	23 sep.	22 sep.	21 sep.	19 sep.	18 sep.	24 sep.
26ª de tpo. ordinario	29 sep.	28 sep.	27 sep.	26 sep.	1 oct.	30 sep.	29 sep.	28 sep.	26 sep.	25 sep.	1 oct.
27ª de tpo. ordinario	6 oct.	5 oct.	4 oct.	3 oct.	8 oct.	7 oct.	6 oct.	5 oct.	3 oct.	2 oct.	8 oct.
28ª de tpo. ordinario	13 oct.	12 oct.	11 oct.	10 oct.	15 oct.	14 oct.	13 oct.	12 oct.	10 oct.	9 oct.	15 oct.
29ª de tpo. ordinario	20 oct.	19 oct.	18 oct.	17 oct.	22 oct.	21 oct.	20 oct.	19 oct.	17 oct.	16 oct.	22 oct.
30ª de tpo. ordinario	27 oct.	26 oct.	25 oct.	24 oct.	29 oct.	28 oct.	27 oct.	26 oct.	24 oct.	23 oct.	29 oct.
31ª de tpo. ordinario	3 nov.	2 nov.	1 nov.	31 oct.	5 nov.	4 nov.	3 nov.	2 nov.	31 oct.	30 oct.	5 nov.
32ª de tpo. ordinario	10 nov.	9 nov.	8 nov.	7 nov.	12 nov.	11 nov.	10 nov.	9 nov.	7 nov.	6 nov.	12 nov.
33ª de tpo. ordinario	17 nov.	16 nov.	15 nov.	14 nov.	19 nov.	18 nov.	17 nov.	16 nov.	14 nov.	13 nov.	19 nov.
34ª de tpo. ord. (Cristo Rey)	24 nov.	23 nov.	22 nov.	21 nov.	26 nov.	25 nov.	24 nov.	23 nov.	21 nov.	20 nov.	26 nov.
	C	A	B	C	A	B	C	A	B	C	A
1ª de Adviento	1 dic.	30 nov.	29 nov.	28 nov.	3 dic.	2 dic.	1 dic.	30 nov.	28 nov.	27 nov.	3 dic.
2ª de Adviento	8 dic.	7 dic.	6 dic.	5 dic.	10 dic.	9 dic.	8 dic.	7 dic.	5 dic.	4 dic.	10 dic.
3ª de Adviento	15 dic.	14 dic.	13 dic.	12 dic.	17 dic.	16 dic.	15 dic.	14 dic.	12 dic.	11 dic.	17 dic.
4ª de Adviento	22 dic.	21 dic.	20 dic.	19 dic.	24 dic.	23 dic.	22 dic.	21 dic.	19 dic.	18 dic.	24 dic.
NATIVIDAD DEL SEÑOR	25 dic.	25 dic.	25 dic.	25 dic.	25 dic.	25 dic.	25 dic.	25 dic.	25 dic.	25 dic.	25 dic.

VIGESIMOCTAVO DOMINGO. CICLO A

1. El rey, el banquete y los convidados.
2. Dios no se desanima nunca contigo.
3. ¿Expulsado del banquete por una falta de etiqueta?

1. Si el domingo pasado las lecturas presentaban para nuestra consideración la imagen de la viña, hoy el lugar central lo ocupa la imagen nupcial, de gran recorrido y riqueza en el Antiguo Testamento. Dice Jesús: *El reino de los cielos se parece a un rey que celebraba la boda de su hijo; mandó a sus criados para que llamaran a los convidados, pero no quisieron ir* (Mt 22, 2-3). Nunca habremos terminado de ponderar suficientemente la obra de Dios en favor de los hombres ni tampoco de agradecer, por tanto, su benevolencia. Es más, me atrevo a decirte que es casi el punto de partida necesario para cualquier otra consideración: traer a la memoria las maravillas de Dios y agradecerle sus dones, su bondad para con nosotros. Díselo muchas veces en tu oración: «Dios mío, ¡qué bueno eres conmigo!». Y date cuenta de que el reino que Él nos ha preparado es tan maravilloso que para hablar de él hay que recurrir a imágenes tan expresivas como la de hoy: un rey que celebra el banquete de bodas de su hijo. No podemos casi imaginar los detalles de una celebración semejante, tan cuidadosamente preparados por el rey de la parábola, pues todavía nos quedamos cortos con el reino de Dios. Y algo en lo que quizá no solemos reparar: la alegría del rey por la boda de su hijo y el deseo de compartir esa alegría. De manera semejante, Dios se alegra con el banquete de bodas del Cordero, que es Cristo, y que da la salvación a los hombres. Dios se alegra con nosotros los hombres y nos invita a compartir su vida divina.

Por eso es especialmente doloroso el desprecio de aquellos invitados. Incluso algunos se atreven a tener una actitud violenta con los enviados del rey, a los que maltratan e incluso matan (cfr. *Mt* 21, 6). Hoy se reproduce la escena. Muchos son los que rechazan la invitación de Dios. ¿Qué hará Él? ¿Cerrará las puertas de la sala y suspenderá el banquete? ¿Permanecerá indiferente?

2. La respuesta del rey hacia quien rechaza su invitación, que nos habla de la justicia divina y de la capacidad que tiene la libertad humana para destruirse a sí misma, es solo una parte de la respuesta a las cuestiones que dejábamos en el aire: *El rey montó en cólera, envió sus tropas, que acabaron con aquellos asesinos y prendieron fuego a la ciudad* (*Mt* 21, 7). Tienes aquí una advertencia seria y real de lo que puede suceder a quien da la espalda al ofrecimiento de Dios. Que no te llene de miedo ni te lleve a juzgar a los demás. El juicio es de Dios, Él es el rey, no tú. Pero que te haga tomar conciencia más clara de la responsabilidad que conlleva la libertad que Dios te ha dado y las consecuencias de tus actos.

La otra parte de la respuesta a los interrogantes anteriores es mucho más halagüeña. Continúa el relato de san Mateo: *Luego dijo a sus criados: «La boda está preparada, pero los convidados no se la merecían. Id ahora a los cruces de los caminos y a todos los que encontréis, llamadlos a la boda»* (*Mt* 21, 8-9). Dios persevera en su voluntad de compartir los bienes por Él dispuestos. No cambia de idea, no se desanima. El banquete sigue adelante, no queda suspendido porque lo rechacen muchos de los que habían sido convidados. Incluso este desprecio será ocasión de que otros sean llamados y entren en la sala del banquete. Es reconfortante saber que Dios permanece fiel a su designio aun cuando nosotros le somos infieles y le damos la espalda.

Tampoco Dios se desanima contigo ni te cierra las puertas que dan acceso a su morada. Aunque te muestres esquivo o le digas que no una y mil veces, Él siempre seguirá intentando atraerte hacia sí. Pero ten muy en cuenta que no te forzará ni te hará entrar a empujones al cielo, sino que su llamada más fuerte será un susurro a tu corazón. Pídele no dejar pasar su llamada y responder siempre con prontitud y agradecimiento.

3. Detengámonos en esta parte final de nuestra oración de hoy en lo que narra san Mateo al final de la parábola. El rey entra en la sala del banquete para saludar a los invitados y repara en que uno de ellos no lleva el vestido de boda. El silencio de aquel hombre al ser interrogado acerca de su indumentaria terminará sentenciándolo a ser expulsado de la fiesta (cfr. *Mt* 21, 11-14). ¿Qué significa ese vestido, que es tan importante como para que carecer de él valga ser apartado del banquete?

San Gregorio Magno puede ayudarnos a buscar una respuesta: «No podemos decir que signifique ni el bautismo ni la fe, porque ¿quién puede entrar en estas bodas sin el bautismo y sin la fe? Pues por el mero hecho de no creer está fuera de ellas. Por lo tanto, ¿qué debemos entender por vestido nupcial, sino la caridad?»[1]. Aquel invitado ha entrado porque ha sido llamado y ha respondido positivamente, pero le falta algo fundamental para poder participar en el banquete. Del mismo modo, tú recibes de Dios su llamada y, por la fe y el bautismo, estás en esa lista de invitados para participar de la boda, pero no basta solo con tu asentimiento a estas dos cosas. Necesitas portar, además, el vestido de la caridad. Solo revestido del amor y de sus obras podrás tomar parte del banquete. Un vestido que –como señala el mismo san Gregorio– es tejido simbólicamente por dos extremos: el amor a Dios y el amor al prójimo. Prepararás tu vestido para el banquete del reino en la medida en que uses de esos dos extremos del telar de manera conjunta, sin separarlos ni oponerlos. A esto te llama Jesús, a vivir un profundo amor a Dios y a tus hermanos.

---

[1] SAN GREGORIO MAGNO, *Homilías sobre los Evangelios*, 38, 9.

VIGESIMOCTAVO DOMINGO. CICLO B

1. El coeficiente de vibración de nuestra alma.
2. ¿Qué otras cosas hacen vibrar nuestro corazón? Las distracciones en la oración son un modo de descubrirlo.
3. A veces falta vibración porque falta confianza en Jesucristo: ciento por uno...

1. No es lo mismo vibración que oscilación. Caminar es fruto de la oscilación de las piernas mientras que temblar de miedo o de frío es un caso típico de vibración. Las causas que pueden provocar que un material vibre pueden ser muy diversas, si bien las más frecuentes son de tipo químico o físico. Todos los que han participado en algún campamento militar saben perfectamente que para atravesar un puente es necesario romper filas. Si, por hipótesis, todo el pelotón entrara con paso marcial, es muy probable que el puente se quiebre.

Algo semejante ocurrió hace años en un famosísimo puente en Estados Unidos que unía las dos partes de un valle inmenso de varios cientos de metros. Se trataba de un puente colgante, apoyado únicamente en dos pilares. Sopló un viento que no fue ni fuerte ni débil, sino que era exactamente el necesario y en la dirección oportuna para hacer vibrar el material del que estaba hecho el viaducto. Empezó a doblarse como un chicle para finalmente saltar por los aires y hacer que todo el puente se derrumbase sobre el río.

También los corazones, como los materiales, tienen su particular coeficiente de vibración. Una palabra, un gesto, una impresión o un afecto pueden provocar que nuestras almas se ilusionen o renueven su ánimo tomando encendidos y nuevos propósitos en su vida espiritual y cristiana. No hace falta que sea un viento fuerte: una vida, una muerte, un gran éxito o una importante decepción. Sin saber por qué, se trata de un acontecimiento, pequeño o grande, que nos toca y nos hace recapacitar: una noticia del periódico, una llamada de un amigo, un rato de oración diferente que, no obstante, fue hecho en el mismo sitio y a la misma hora que todos los días...

El corazón del joven rico vibraba cuando estaba en presencia de Cristo. Le escuchaba con gusto y estaba muy feliz cerca de él. Solo esta ilusión interior –vibración– explica que saliera corriendo al encuentro del Señor: no lo hizo con paso sosegado ni serenamente, sino que tenía prisa por estar con Él.

Nosotros también deseamos vibrar con las cosas de Dios y salir a su encuentro corriendo: arrodillarnos delante de Él para decirle con voz de hijo que también nosotros queremos que Él sea para nosotros un maestro bueno.

2. Es evidente que al joven rico, además del Señor, también le atraían las riquezas. Es llamativo que Jesús le diga que tan solo una cosa le falta. Si nosotros hacemos examen sincero de nuestra vida cristiana, creo que estaríamos muy orgullosos si Dios mismo nos pudiera decir que tan solo nos resta una cosa por hacer. Esta esperanza desgraciadamente no anidó en el corazón del joven rico porque las nuevas palabras que Cristo le dijo a propósito de la entrega ahogaron su entusiasmo. Está claro que uno vibra con las cosas que le gustan, y se deprime con aquellas otras con las que experimenta rechazo.

No es fácil percibir a qué cosas está adherido nuestro corazón. ¿Qué es lo que realmente me atrae? Si deseas descubrirlo, el catecismo te sugiere un buen criterio en algo que, a primera vista, parece tener muy poco que ver con ello, como son las distracciones en la oración: «La distracción descubre al que ora aquello a lo que su corazón está apegado. Esta humilde toma de conciencia debe empujar al orante a ofrecerse al Señor para ser purificado. El combate se decide cuando se elige a quién se desea servir (cfr. *Mt* 6, 21.24)»[1].

3. «Te falta vibración», dice san Josemaría. «–Esa es la causa de que arrastres a tan pocos». Sabes perfectamente que un corazón enamorado es capaz de convencer a los otros de la verdad y de la luz que lleva dentro de su alma. El testimonio más convencido no es el que procede de la palabra, sino de la vida y de la conducta entera; de la vibración que expresas en tu vivir y que se traduce tanto en tu palabra como, sobre todo, en tu lenguaje no verbal. Ahí se prueba si estás convencido –y te enamora– todo lo que dices.

---

[1] *Catecismo de la Iglesia Católica*, 2729.

»–Parece como si no estuvieras muy persuadido de lo que ganas al dejar por Cristo esas cosas de la tierra. Compara: ¡el ciento por uno y la vida eterna!». A los apóstoles les parece imposible no vivir apegados al dinero. No era la primera vez que exponían con sencillez sus dificultades al Señor. Alguno desconfiaría de Cristo, como si el ciento por uno fuera una fábula o un engaño, una mentira.

Los apóstoles, los santos y muchos otros se han fiado de Dios, de su promesa de recibir muchísimo más de lo que entregaban. Con su gracia, experimentaron el gozo del ciento por uno y desde entonces recuerdan a todos los hombres que vale la pena dejar todas las cosas de la tierra por el amor de Dios.

El joven rico no fue capaz de verlo y se fue triste. Otros muchos dijeron que sí y recibieron cien veces más… y entonces es momento de que cada uno se pregunte: «–¿Te parece pequeño el "negocio"?». ¿Qué quieres, Jesús mío, que hoy, ahora, te entregue?

DOMINGO VIGESIMOCTAVO. CICLO C

1. Solo Jesús puede curar el pecado.
2. Dar gracias es el camino para recibir la gracia.
3. Humildad para seguir el camino que Dios propone.

1. El evangelio de este domingo nos presenta a Jesús curando a diez leprosos que desde lejos, a gritos, le imploran misericordia. Jesús les ordena que vayan a presentarse a los sacerdotes. Con ello, Jesús les manda que hagan lo que debe hacer quien ha sido curado de la lepra, según establece el libro del Levítico. Al considerar la lepra como una impureza contagiosa que aparta de la comunidad de Israel, se hace necesaria una purificación ritual que obraban los sacerdotes, certificando la curación y restituyendo al sanado en la comunión del pueblo elegido. Ellos se ponen de camino antes de quedar sanos, nos informa san Lucas, y es entonces cuando reciben la salud. Tienen confianza en Jesús, tal y como manifiesta que se ponen en marcha al oír sus palabras aunque no han sido todavía curados. Tienen fe en el poder de Jesús y por eso obtienen lo que piden.

Sin embargo, lo que sucede a continuación nos permite profundizar en el sentido de la curación. Uno de ellos regresa para dar gracias a Jesús, que se extraña de que solamente haya vuelto uno, y precisamente un samaritano, para dar gloria a Dios por su salud recobrada. Solo entonces Jesús le dice a este: *Levántate, vete; tu fe te ha salvado* (*Lc* 17, 19). Todos han recibido la salud del cuerpo, pero solo de este que volvió para dar gloria a Dios se dice que está salvado. Una cosa es la salud y otra la salvación: la primera, «más superficial, concierne al cuerpo; la otra, más profunda, afecta a lo más íntimo de la persona, a lo que la Biblia llama el *corazón*, y desde allí se irradia a toda la existencia. La curación completa y radical es la salvación»[1].

Solo Dios puede curar lo íntimo del hombre. Únicamente la misericordia del Señor sana de raíz esa lepra que desfigura la imagen de Dios en cada hombre y que no es otra cosa que el pecado. Solamente Dios es quien puede limpiarte, pídeselo con insistencia y con humildad: «Señor, si quieres, puedes limpiarme».

2. No pases de puntillas por el hecho de que únicamente el que regresó para agradecer a Jesús su curación recibe el don de la salvación. Los diez confiaban y creían en el poder de Jesús, pues se pusieron en camino con solo escuchar su palabra, pero solo este manifiesta esa fe que salva. Porque la fe se demuestra en el agradecimiento. El que sabe agradecer, como el samaritano del evangelio, revela que no considera lo que recibe como algo debido, sino como un don inmerecido de Dios. La

---

[1] Benedicto XVI, *Ángelus,* 14-10-2007. También para lo que sigue.

fe requiere que el alma se abra a la gracia de Dios y reconozca todo como don de su benevolencia.

Abre tu alma a la gracia de Dios, agradece sus dones, y obtendrás lo más valioso de Él, la fe que te conduce a la salvación. Así es como Jesús restablece en ti la relación profunda con Dios que el pecado había destruido. Este era el fin último de la curación que Jesús les concede: llevarles de su incipiente fe a una fe madura que les haga reconocerle plenamente como su Dios. Algo que solo sucede en el samaritano, de ahí la extrañeza de Jesús. Si al principio solo se atrevía a pedir a Dios desde lejos, dada su condición de leproso, tras su curación aquel hombre vuelve corriendo y, ya sí cerca de Jesús, a sus pies, se postra para adorar a Dios. También a ti con los dones de su benevolencia te quiere llevar a esa fe madura que te permite acercarte, a pesar de tus limitaciones, defectos y pecados, a Jesús mismo para darle gracias y adorarle.

3. La Palabra de Dios de este domingo nos habla de otro extranjero, también leproso, que es curado milagrosamente, en este caso, por el profeta Eliseo. Se trata de Naamán, jefe del ejército del rey de Siria. También él volvió para dar gracias por haber recobrado su salud y para reconocer al Dios de Israel como el único verdadero. La historia de Naamán, además de volver a poner de manifiesto la importancia de dar gracias para saber recibir el don de Dios adecuadamente, nos ayuda a considerar otro aspecto fundamental: la humildad, hacer lo que se nos dice.

Naamán era hombre acostumbrado a dar órdenes y a ser obedecido. Que siga el consejo de una de las criadas de su mujer y recurra al profeta de Israel es ya signo bien de humildad o bien de desesperación por su enfermedad. Cuando se presenta ante el profeta y este ni siquiera sale a recibirle, sino que le envía un mensajero, se irrita. Irritación que se incrementa cuando ese mensaje de Eliseo es que se lave siete veces en el Jordán. En medio de su enfado decía: *El Abaná y el Farfar, los ríos de Damasco, ¿no son mejores que todas las aguas de Israel? Podría bañarme en ellos y quedar limpio* (*2 R* 5, 12). Ya se marchaba airado, cuando sus siervos le dicen: si el profeta te hubiera mandado una cosa difícil, ¿no lo habrías hecho? ¡Cuánto más si te ha dicho: «Lávate y quedarás limpio»! (*2 R* 5, 13). Entonces se bañó y quedó limpio de lepra. Solo cuando fue humilde e hizo aquello, aun sin comprender del todo, incluso sin confiar demasiado en su eficacia, quedó sano.

La humildad para seguir el camino que Dios ha dejado para comunicarnos sus dones es imprescindible para que podamos recibirlos. Como Naamán, quizá dices para tus adentros: «¿Decir mis pecados al sacerdote? ¿Para qué? ¿No es suficiente con que me arrepienta yo?». Y tienes la tentación de darte la vuelta como él para buscar la salvación en otro lugar. Sé humilde. Recuerda que, del mismo modo que Naamán no fue curado por la fuerza del agua del Jordán, sino por el poder de Dios, el perdón te llega no como consecuencia de tu confesión –por el poder de tu acto–, sino por el poder y la acción de Dios que quiere servirse del sacerdote para comunicarte su misericordia. Aprende del ejemplo de estos dos extranjeros que tuvieron la humildad necesaria para seguir el camino que Dios había previsto para comunicarles sus bienes; de manera que tú también puedas reconocer, seguir y agradecer a Dios el que ha pensado para ti.

VIGESIMOCTAVA SEMANA. LUNES

1. El signo de Jonás.
2. La auténtica sabiduría está en Jesús.
3. La sabiduría suprema de la misericordia.

1. En el evangelio de hoy, Jesús advierte severamente a sus oyentes, y a todo el pueblo de Israel, por su conducta. La advertencia viene presentada de la mano del profeta Jonás, la reina del Sur y los habitantes de Nínive, frente a los cuales la actitud del pueblo queda en evidencia. Los que le escuchan saben perfectamente de quién les habla y con quién les compara. Por eso, porque quizá no te sean tan familiares, para profundizar y comprender bien el significado de las palabras de Jesús conviene que nos detengamos en considerar cada uno de estos personajes.

En primer lugar, Jesús presenta al profeta: *como Jonás fue signo para los habitantes de Nínive, lo mismo será el Hijo del hombre para esta generación (Lc 11, 30)*. Nínive era una ciudad inmensa cuyos pecados habían colmado la paciencia divina. Por eso Dios decide enviar a Jonás para anunciar la destrucción de la urbe a causa de sus maldades. El anuncio del profeta provoca una profunda impresión en los habitantes de la ciudad que, con el rey a la cabeza, se ponen a hacer penitencia. La actitud de los ninivitas alcanza la misericordia divina y el Señor se arrepiente del castigo que había decretado.

Los habitantes de Nínive atendieron y dieron crédito a la predicación de Jonás y rectificaron, hicieron penitencia y cambiaron de vida. Sin embargo, ahora los judíos no aceptan el testimonio de Jesús y le piden signos. Pero Jesús es el signo definitivo, no tendrán más signo que Él, su vida, sus palabras, sus obras, en particular su muerte y resurrección. Cristo es el signo supremo. Pedir otro es tentar gravemente a Dios. Los ciudadanos de Nínive cambiaron por escuchar a Jonás. Los judíos han escuchado y visto a uno que es más que Jonás... Por eso aquellos ninivitas les acusarán porque ellos, con menos, cambiaron.

Tú y yo también hemos conocido a Jesús, hemos escuchado su palabra y sabemos de sus obras. La advertencia es igual de severa para nosotros. ¿Haces penitencia por tus pecados? ¿Te afanas en rectificar y cambiar? ¿O esperas indefinidamente a que tengas más seguridad o de un camino más fácil? No olvides que aquellos hombres por las palabras y el testimonio de Jonás dieron un nuevo sentido a su vida. ¿Qué harás tú que has escuchado y contemplado a Cristo?

2. El segundo testigo que declarará contra aquella generación es la reina del Sur. Este misterioso personaje aparece en el Primer Libro de los Reyes (cfr. *1 R* 10, 1-13). Acudió a Jerusalén para visitar al rey Salomón atraída por la fama de su gran sabiduría. Aquella reina de Saba, tras recibir las respuestas del rey de Israel a todas las cuestiones que le planteó, quedó profundamente admirada del saber de Salomón y dio gloria al Dios de Israel que lo había sentado en el trono. Buscaba sabiduría y llegó al origen de la misma: Dios.

Por eso *se levantará en el juicio contra los hombres de esta generación y hará que los condenen, porque ella vino desde los confines de la tierra para escuchar la sabiduría de Salomón, y aquí hay uno que es más que Salomón* (*Lc* 11, 31). Aquella mujer recorrió miles de kilómetros para dar con la sabiduría que buscaba y, al encontrarla, dio gracias a Dios. Aquella generación tiene delante una sabiduría superior y no la quiere aceptar. Su falta es doble. Primero, porque lo tienen mucho más fácil. Ellos no han tenido que buscar y recorrer un largo camino, sino que es la propia Sabiduría quien les sale al encuentro. No tienen la excusa de una excesiva dificultad, tienen delante a Jesús. Pero también, y esta es su segunda falta, es mayor su culpa pues tienen ante sí una sabiduría mayor que la de Salomón. Es el Hijo de Dios mismo, la Sabiduría eterna, quien les habla. Si aquella reina con la sabiduría de Salomón, humana aunque dada por Dios, se convenció, ¡cuánto más debían convertirse aquellos que escuchan la mismísima palabra del Hijo!

De nuevo la advertencia es extensible a nosotros, a ti y a mí. Probablemente no hemos tenido que recorrer tortuosos caminos en busca del sentido de la vida, que es la sabiduría suprema, al menos en lo humano. Sino que Jesucristo nos ha salido al encuentro a través de nuestra familia, de amigos, compañeros de estudios o de trabajo. Nos ha ofrecido, y nos ofrece continuamente, esa sabiduría suprema que es su palabra, el Evangelio. Es ahí donde puedes encontrar la respuesta a todos tus interrogantes, a todas tus dudas y vacilaciones. No caigamos en la misma tentación de aquella generación desviada que buscaba fuera de Jesús la respuesta a lo que esperaba. Tú y yo no hemos escuchado a Salomón, sino al mismo Cristo; aprendamos de la reina del Sur a buscar siempre su sabiduría y a aceptarla con entusiasmo, porque ante nosotros hay alguien que es más que Salomón.

3. Algo más sobre Jonás. Cuando Nínive alcanzó la misericordia de Dios y fue librada de su castigo, el profeta se disgustó. Pensó que quedaba en mal lugar su palabra y su persona: había anunciado un castigo que no llegó. Dios tendrá que hacerle entender que el fin era precisamente mover a su arrepentimiento y que alcanzaran el perdón. La reacción de Jonás es, a pesar de todo, muy humana; en ella podemos identificarnos con facilidad. Nos cuesta entender esa sabiduría suprema de Dios que es su misericordia. Nos dejamos llevar por la vanidad de nuestra fama o del amor propio, como si eso pudiera estar por encima de la vuelta a la vida de los que andan extraviados. A veces la cuestión no es si los que tuercen el camino pedirán perdón, sino si los que no han faltado estarán dispuestos a concedérselo. Dios tuvo que enseñárselo al profeta Jonás con paciencia. También quiere inculcarte a ti esta sabiduría acerca de su misericordia, déjale, no te resistas. Rinde tu orgullo y abandónate en manos de Dios.

VIGESIMOCTAVA SEMANA. MARTES

*1. Jesús sufre la hipocresía de los fariseos,
que no sufra la nuestra.*
*2. Mantener unido lo interior y lo exterior,
el alma y el cuerpo.*
3. Un orden en limpieza personal.

1. Dicen que en una ocasión san Juan XXIII contó una anécdota referida a los años en que estuvo como Nuncio Apostólico en París: «no es fácil ser un nuncio papal –aseveraba el santo–. Me invitan a todas las fiestas diplomáticas donde la gente está de pie, con un plato de canapés intentando no parecer aburridos. Entonces, entra una mujer voluptuosa con escote y todo el mundo se da la vuelta. Y me miran a mí». A Jesús le pasa algo así en el evangelio de hoy. Los fariseos están a la que salta, le observan para ver si pueden criticarle en algo.

La hipocresía de los fariseos, como la de aquellos hombres y mujeres que miraban al nuncio Roncalli, queda en evidencia. En su interior ya han juzgado y solo esperan poder manifestarse escandalizados. Solo quieren señalar y desacreditar.

Pero cuidado, la hipocresía, que aparece siempre odiosa cuando la observamos en otros, puede hacer presa fácilmente en nosotros. Basta desconectar lo que hacemos de su sentido, lo externo de lo interno, el acto de su objeto. Y no es tan difícil que esto suceda. Les había pasado a los fariseos. Observaban todas aquellas tradiciones y prescripciones, algunas dadas por Moisés, otras añadidas por ellos, sin atender a su espíritu. Lo que debía llevarlos a reconocerse impuros, pecadores necesitados de purificación –tal era el sentido de sus abluciones rituales–, sin embargo, al perder de vista su sentido, se convierte para ellos en ocasión de llenarse de soberbia.

Cuidado con esa semilla de la hipocresía que es la separación entre lo que hacemos y su sentido, entre nuestra fe y nuestros actos. Y un indicador de la hipocresía es el juicio. El «juzgón», es decir, el que va siempre pendiente, juzgando y señalando a otros, suele ser alguien en quien la hipocresía ya ha hecho presa. Si descubres que juzgas en exceso y con dureza, quizá sea síntoma de esta doblez que puede terminar en hipocresía. A Jesús ya le tocó padecer la hipocresía de los fariseos, que no sufra en nuestros hermanos la nuestra.

2. Los fariseos estaban muy preocupados por las formas exteriores, pero habían descuidado lo interior. Jesús les hace ver lo dramático de su error: *el que hizo lo de fuera, ¿no hizo también lo de dentro?* (*Lc* 11, 40). Dios nos ha creado como una unidad. Somos cuerpo y alma, interioridad y capacidad de expresarnos, materiales y espirituales. Pero siempre una unidad. No podemos despreciar ni lo uno ni lo otro. Todo es obra de Dios.

Si los fariseos caían en el error de despreciar lo interior fijándose únicamente en el cumplimiento formal de normas y preceptos externos, es posible que hoy nuestra generación tenga mayor peligro de caer justo en la tentación contraria: despreciar lo exterior y fijarse solo en el mundo interior de las emociones. Es muy posible que hayas escuchado manifestaciones de esta tentación con más frecuencia de la que imaginas. En el fondo es lo que hay detrás de la opinión de aquellos que dicen ir a misa cuando lo sienten de veras o lo necesitan, en lugar de ir todos los domingos porque piensan que cumplir el precepto dominical carece de valor. También subyace en quienes no comprenden por qué han de confesarse para obtener el perdón si Dios, que es todopoderoso, puede actuar como quiera. Otra forma de desprecio de lo exterior es no dar importancia a las expresiones corporales en la misa, como si fuera indiferente hacer bien la genuflexión, arrodillarse en los momentos oportunos o estar de pie, etc.

Pon atención en el cuidado de las formas. Si la tentación de los fariseos era peligrosa, la contraria no lo es menos. Tus expresiones, tu modo de comportarte en misa, de hacer oración, todo eso expresa lo que llevas en el corazón y a la vez lo alimenta. Cuidar todo ello te ayudará a cuidar lo interior, que verdaderamente es lo importante. Cuánto ayuda hacer bien la genuflexión, con pausa, diciendo una jaculatoria en tu interior que es como un dardo de amor. Ese gesto bien hecho expresa tu fe y tu cariño y, a la vez, lo hace crecer y fortalecerse.

Cumple con buen espíritu los preceptos que te pide tu madre la Iglesia, son pocos, por eso, razón de más para que te esfuerces en ellos. La misa dominical y los días de precepto, confesar y comulgar al menos una vez al año, y guardar el ayuno y la abstinencia de carne los días señalados, no son cosas difíciles. Hazlas no por cumplir, sino de corazón, como un buen hijo que así quiere manifestar su cariño y delicadeza a su Padre del cielo.

3. A los monaguillos suelo explicarles que hay un orden en la limpieza que es fundamental mantener, particularmente cuando nos acercamos a Jesús Eucaristía, y que nos pone en línea de mantener la unidad de lo interior y lo exterior: «ropa limpia, cuerpo limpio, alma limpia».

Lo más externo, el vestido, no es cosa de poco. Cuidar nuestro aspecto es cuidar nuestra carta de presentación ante los demás. Del mismo modo que una chica se pone guapa para su novio, o este cuida ir hecho un pincel para ella –vale lo mismo para los esposos–, es lógico que cuidemos cómo vamos vestidos a la iglesia, y en especial a misa. Si lo entiendes para las personas de esta tierra que te importan, también lo entenderás aplicado a Dios. Pero del mismo modo que sería inútil vestirse de gala sin haberse duchado y aseado antes, es absurdo cuidar todo esto si va sobre un alma que no está limpia. Porque todo ese cuidado y delicadeza han de servirte para tomar conciencia más clara y profunda de que eres templo del Espíritu que mora en tu alma en gracia. Por más que te cubras con perfumes y buenas ropas, el hedor del pecado todo lo estropea. Por eso cuida en primer lugar de tu alma, que esté limpia y reluciente para su Señor.

VIGESIMOCTAVA SEMANA. MIÉRCOLES

1. Grandes ideales y cosas pequeñas para responder a Jesús.
2. Los sentimientos y la imaginación de Cristo Jesús.
3. Refrenar la lengua.

1. Jesús, que siempre es manso y misericordioso, dulce con los que caen y comprensivo con los que tropiezan, reprueba con palabras en extremo agresivas la conducta reprobable de los fariseos. Se trata de durísimas correcciones que no hallan descanso en el discurso. De hecho, un maestro de la ley interviene en el relato, pidiendo a Cristo que refrene su lengua, porque con su modo de hablar les ofende también a ellos. Pero la interposición, lejos de calmar el ánimo del Maestro, enciende aún más su santa cólera.

Debemos tomar nota de esta conducta del Señor: lo que hace que Dios se canse de los hombres no son los pecados, sino la conducta farisaica, que consiste en actuar por hipocresía, es decir, fingiendo cualidades o sentimientos pseudo-religiosos o bondadosos. Fue esa conducta la que encendió el ánimo del Señor, y lo sigue encendiendo. Exigir, pero no amar; cumplir, pero no querer, hacerlo todo sin gusto por nada, perfección sin deseo de bien, precisión sin ilusión. Eso es la conducta farisaica: hacer todo con una exactitud y pulcritud exteriormente intachables sin crecer en absoluto en la capacidad de amar. Solo juzgan y condenan a quien no actúa «como es debido»; pero su interioridad es moralmente reprobable. No se encuentra en el fariseo un corazón alegre y enamorado. Es, por el contrario, triste y calculador.

Una vida así está condenada a la esterilidad… ¡líbranos de ella, Dios nuestro!

2. Esta meditación quisiera ser un estímulo para aprender a controlar nuestra imaginación. Una imaginación sana es un buen remedio contra el fariseísmo, y hace mucho más sencilla nuestra tarea de ganar en unidad de vida.

El objetivo es alto: el modelo es Jesús. ¡Ojalá nuestra memoria, inteligencia y voluntad se parecieran a las de Cristo mismo! A eso nos llama Él. Buscamos, en definitiva, eso que san Pablo proponía a los Filipenses, *tener los mismos sentimientos que Cristo Jesús*: mirar con sus ojos, hablar con su lengua, besar con sus labios, pensar con su cabeza y actuar con su corazón. Ser Cristo para ser luz. O, si lo prefieres, ser Cristo para ser feliz. ¡Parecerme a Ti, Jesús mío! Eso es lo que quiero.

Para saber si tu inteligencia e imaginación van haciéndose semejantes a las de Cristo, examínate ahora, con valentía: ¿cómo es el tono de tu conversación? Ten en cuenta que, si tus palabras giran siempre en torno a ti mismo –con cosas que te suceden, éxitos o fracasos personales, todo alrededor de tu propia vida–, tratarás siempre de sobresalir, mentirás en ocasiones y, muy probablemente, caerás con facilidad en un espíritu negativo de palabras amargas y conclusiones insustanciales.

Piensa que de la abundancia del corazón habla la boca, y si tu cabeza está siempre vuelta sobre sí misma, es muy probable que pase lo mismo con el contenido de tus conversaciones: yo, me, mi, conmigo. Y eso –lo sabes porque lo has visto en gente que conoces– es tremendamente aburrido para los demás.

¡Dialoga! Sí, dialoga aun cuando estés solo, porque siempre –siempre– estás en presencia de Dios. Sal cuanto antes de ti mismo.

3. El dominio de la imaginación es inseparable del de la lengua. Y, para conseguir este último tan necesario, ahí van unos consejos concretos. Aviso para navegantes: no deben humillarte si te sientes identificado con ellos, más bien debes alegrarte, porque te muestran la solución a muchas tristezas cuya causa antes desconocías. Ojo, que allá vamos...

«No es necesario decir todo lo que se te pasa por la cabeza, y menos si no es positivo». «Acostúmbrate a hablar cordialmente de todo y de todos; en particular, de cuantos trabajan en el servicio de Dios. Y cuando no sea posible, ¡calla!: también los comentarios bruscos o desenfadados pueden rayar en la murmuración o en la difamación»[1].

«En tus conversaciones, trata de escuchar a los demás y de encomendarlos a Dios». Es muy sencillo: se intenta rezar por los demás, volviendo cada cierto tiempo a recordar que puedo encomendar a ese que me habla, o me agota, o a aquel otro que me cae tan bien. Pue-

---

[1] *Surco*, 902.

des ayudarte, en esta tarea, de los ángeles de la guarda. Siempre están ahí.

«Busca, en tus conversaciones, todo lo que une, evita lo que separa». En general, tendemos a hacer lo contrario. Así que adquiere un buen prejuicio psicológico: ¿qué hay de positivo en el otro?

«Aprende, finalmente, a callar ante la acusación injusta». Recuerda que Jesús calló ante Herodes. Recuerdo también el caso que contaba una misionera de la caridad –o quizás lo he debido de leer en un libro–: un pobre aporreó insistentemente el timbre de la casa de San Gregorio en Roma; cuando la religiosa azorada salió a ver qué pasaba, el vagabundo le espetó que ya era hora de que le atendiera y que tenía hambre. Apestaba a alcohol. Ella no se enfadó, sino que calló y actuó: corrió a la cocina, le preparó, como dicen en Italia, un buen «pranzo al sacco» (una bolsa de comida) y le puso, como detalle, una chocolatina. El pobre agarró con malos modos su bolsa, y se sentó en una escalerita próxima a devorar su contenido. No sabemos qué luz se encendió en su interior cuando vio la chocolatina, lo cierto es que se levantó al instante, volvió a llamar a la casa, pidió entre lágrimas ver a la religiosa que le había atendido con anterioridad… Cuando la vio llegar, le dijo, con voz, esta vez sí, de quien pide con humildad: «ahora, hermana, cuénteme algo de Jesús».

Es bonito soportar con Cristo la vejación o la injusta exclusión, e incluso consagrar la vida por amor a Jesús abandonado; porque entonces nos identificamos plenamente con Cristo necesitado. Entonces no hay lugar –o no debe haber lugar– ni para una imaginación disparada ni para cualquier duda de una existencia farisaica. Solo existe Él a nuestro lado.

VIGESIMOCTAVA SEMANA. JUEVES

1. El pecado de aquella generación y el pecado de sus padres.

2. ¿Pide cuentas Dios por pecados ajenos?

3. La vía del desagravio.

1. Hoy leemos uno de esos evangelios que del susto –permíteme la expresión coloquial– quitan el hipo. Si lees con atención y pausa la diatriba de Jesús contra los maestros de la ley, no querrás por nada del mundo contarte entre ellos. Las palabras de Jesús son durísimas. ¿Cuál es la falta que merece un juicio semejante por parte del Señor? El mismo Cristo la declara: *Os habéis apoderado de la llave de la ciencia: vosotros no habéis entrado y a los que intentaban entrar se lo habéis impedido* (*Lc* 11, 52). Detente a considerar el significado de estas palabras de Jesús.

Los maestros de la ley eran los encargados de custodiar la ley de Dios. Ellos debían enseñarla, interpretarla y ayudar a su cumplimiento, de manera que el pueblo de Israel viviera la Alianza que Dios había hecho con ellos. La llave de la ciencia, que Jesús les acusa haber arrebatado, es la recta forma de interpretar la ley. Ellos se han quedado con ella y no han querido usarla para pasar ni tampoco han dejado que otros pasen. ¿A qué da paso la puerta que abre esa llave?: ni más ni menos que al reconocimiento de Jesús como el Mesías Salvador. Los maestros de la ley debían haberle reconocido y, sin embargo, le han rechazado y han impedido que muchos otros le sigan.

¿Entiendes ya la gravedad de su pecado? No solo rechazan a Jesús, dando la espalda a la ley a la que debían dedicar su vida, sino que también han puesto en riesgo el alma de muchos que por su obstinación quizá no han abrazado al Salvador. Ellos, con su actitud, son motivo de escándalo –de tropiezo– para la gente sencilla de Israel. Reciben por eso la mayor de las reprobaciones de Jesús: *al que escandalice a uno de estos pequeños que creen en mí, más le valdría que le colgasen una piedra de molino al cuello y lo arrojasen al fondo del mar* (*Mt* 18, 6). Cuidado entonces con perjudicar a la fe de otros con la propia conducta, porque en ese caso estas palabras de hoy a los maestros de la ley podrán aplicarse a nosotros. Porque hemos recibido la llave de la ciencia más excelsa que es el mismo Cristo. Pídele a Jesús que no seas ocasión de escándalo, sino que con tu conducta y tus palabras –llenas de lo que recibes del Maestro– abran para los que tienes cerca la puerta de la fe.

2. Hay otro pecado que Jesús les echa en cara: la muerte de los profetas, de todos, de Abel a Zacarías. El Señor les hace responsables de todas aquellas muertes, cometidas por sus antepasados, pues de su actitud se sigue su aprobación de aquellos crímenes. Sorprende esta acusación. ¿Puede Jesús, y por tanto Dios, pedirnos cuentas de los pecados de nuestros padres, demás familiares o antepasados, e incluso de conciudadanos nuestros? ¿No entra en contradicción esto con la revelación de Dios misericordioso?

Desde luego, en la Biblia podemos encontrar numerosos pasajes en que se muestra un castigo en los hijos por el pecado de los padres. Solo por traer a la mente un ejemplo, piensa en la muerte del hijo de Betsabé, concebido en adulterio por el rey David. También el pecado de uno aparece como causa del castigo a muchos, como en aquel censo que hizo David y que trajo la peste al pueblo por haber ofendido su rey a Dios.

Pero, además, la justicia humana ha procedido, con más frecuencia de la que piensas, a castigar una falta más allá de la vida de quien la cometió en su fama y en sus herederos. Solo un ejemplo: en la serie de retratos de los «dogos» –así se llamaba al máximo gobernante de la República de Venecia durante casi mil años– representada en la Sala del Consejo del Palacio Ducal, su imagen fue cubierta con un manto negro, en el cual se lee hasta la actualidad una inscripción en latín: *Hic est locus Marini Falieri decapitati pro criminibus*, que significa: «este es el sitio de Marino Faliero, decapitado por sus crímenes». A la condena a muerte por traición, a la confiscación de sus bienes y de los de su familia, y a la expulsión de la misma de la aristocracia veneciana, se suma la condena de esa inscripción leída por los visitantes del palacio desde hace más de 600 años.

Todo esto lleva a la consideración de que hay pecados que, por su gravedad o su reiteración, extienden como una mancha de aceite la maldad haciendo que alcance a muchos. Hay una dimensión del pecado que va más allá de lo personal y que afecta a las otras personas y a la sociedad. Como señaló san Juan Pablo II: «Los pecados de cada uno consolidan las formas de pecado social que son precisamente fruto de la acumulación de muchas culpas personales»[1]. Tus pecados no solo los sufres tú, también afectan a los demás. ¡Ojalá esto te ayude a dolerte más por ellos y a hacer buen propósito de enmienda!

3. Queda pendiente –no lo olvido– si ese pedir cuentas por las faltas de otro contradice la misericordia de Dios. La respuesta únicamente puedes buscarla mirando al crucificado. Ahí tienes la respuesta. Dios ha pedido cuenta de los pecados de toda la humanidad al único que no tenía pecado. ¿Es injusto Dios? ¿O nos enseña una justicia nueva, divina, diferente a la humana? La justicia de Dios es a la vez misericordia. Y su misericordia le ha llevado a cargar nuestros pecados, a ofrecerse en la cruz por unos condenados. Esta es la lógica de la Santa Cruz. Pídele a Dios entenderla: Saber unirte a ella, como han hecho los santos. En esto consiste desagraviar: unirte a Jesús en la cruz reparando tantas ofensas como se producen en el mundo.

La pregunta entonces no es si Dios te pedirá cuentas de los pecados de quienes te rodean o de los de tus familiares, sino que la cuestión es si tú y yo viviremos en tal sintonía con Jesús que compartiremos con Él –aunque sea mínimamente según nuestra pequeñez– el peso de los pecados del mundo. Aprende a desagraviar, con tu oración, con tus sacrificios, con tu vida entera.

---

[1] San Juan Pablo II, *Audiencia,* 25-8-1999.

VIGESIMOCTAVA SEMANA.
VIERNES

1. *No hay rival pequeño.*

2. *Un orden en las cosas a las que debemos temer.*

3. *A Dios le importas como no puedes imaginar.*

1. «No hay rival pequeño». Es una de las máximas del fútbol –y en general, de todos los deportes–, que junto con otras frases comodín sirven a los comentaristas para llenar las retransmisiones televisivas. Pero más allá de la obviedad y de los tópicos que representan, al menos nuestra frase de inicio de esta meditación dice una gran verdad: cuidado con subestimar a tu adversario cuando piensas que es de poca entidad. Y esto se aplica también a la vida interior. Así parece que quiere indicarlo Jesús al decir que tengamos cuidado con la *levadura de los fariseos*.

La levadura en la masa es insignificante en comparación con la harina. Suele andar en torno al 6% de la harina empleada, sin superar nunca el 10%. Y sin embargo basta esa pizca de levadura para que toda la masa fermente y crezca.

La imagen de la levadura empleada por Jesús nos pone en guardia contra la tentación de despreciar el peligro de lo que a primera vista nos parece insignificante e inofensivo, pero que en poco tiempo crece y puede terminar por dominarnos. Ocurre con la hipocresía, pero también con el pecado en general: irremisiblemente se reproduce, crece y se diversifica. Un pecado lleva a otro y a otro, y cada vez más grave y peor; es como una bola de nieve que arrancó siendo pequeña y termina haciéndose una masa imparable: o se detiene al inicio, o no hay quien la domine.

Tenlo muy presente: no hay rival pequeño. Has de luchar contra toda tentación, también las que parecen inofensivas. Con frecuencia, el enemigo busca entrar, no por la puerta que está bien custodiada, sino por alguna grieta que pase inadvertida a los ojos del defensor de la fortaleza. Por eso cuídate de todo aquello que es levadura del pecado. No pactes con ello, no pienses que controlas. Con el pecado, como si de una droga se tratara, no se controla, controla él. O luchas decididamente, o lo que empieza siendo pequeño terminará por dominarte.

2. Quizá se te pase por la cabeza pensar que entonces nuestra situación frente al pecado es de una debilidad extrema y que el resultado es vivir en un temor permanente por la inevitable caída. Algo así como vivir encogidos por el miedo, como quien teme salir de casa, no sea que le suceda algo malo. Si esto fuera así, seríamos una especie de «hipocondríacos espirituales». No, no es aquí a donde nos quiere llevar Jesús, ni tampoco estas líneas. Conviene que conozcamos nuestra debilidad, que somos frágiles y que el pecado puede rompernos, incluso cuando parece poca cosa al principio. De lo contrario, la imprudencia de nuestros actos al considerarnos indestructibles nos llevaría de seguro al desastre. Pero esta conciencia de fragilidad no debe paralizarnos. Entre temer únicamente que el cielo se desplome sobre nuestras cabezas –como sucedía a Asterix y sus compañeros en sus temerarias aventuras– y tener miedo a cualquier cosa, hay un justo medio. De otro modo, hay un orden en el temor que conviene guardar.

Instintivamente tenemos miedo de lo que pone en peligro nuestra vida y nuestra salud. Es normal, y hasta conveniente mientras se mantenga en lo razonable. Es más, exponerse sin razón suficiente a un peligro grave para la propia vida o para la de otras personas es un pecado grave. La vida es un don precioso que debemos custodiar. Pero no es un bien supremo. Está por encima la vida eterna, la gracia. Por eso nos dice Jesús: *no tengáis miedo a los que matan el cuerpo, y después de esto no pueden hacer más. Os voy a enseñar a quién tenéis que temer: temed al que después de la muerte tiene poder para arrojar a la 'gehenna'* (*Lc* 12, 4-5).

Temer perder la gracia de Dios antes que perder la vida es síntoma de haber entendido el don que recibimos de Dios. No por desprecio de la vida natural que también hemos recibido de Él, sino por haber conocido la belleza de la vida divina a que nos llama y conduce con su gracia. Esto es lo que nos enseñan los mártires: que por encima de Cristo no hay nada en esta tierra, ni la propia vida; que es mejor perderla que perderle a Él. Mejor morir que pecar. ¿Te parece exagerado?, piénsalo un poco más mirando a Jesús en la cruz clavado por amor a ti... quizá es que el amor solo puede ser exagerado. Y pídele entender y vivir esto: que es mejor morir que pecar, perder cualquier cosa antes que perderle a Él.

3. Pero sobre todo hay algo que disipa toda sombra en lo que se refiere al temor por el pecado y perder la gracia: *hasta los cabellos de vuestra cabeza están contados* (*Lc*

12, 7). Hasta ese punto se preocupa Dios de nosotros, hasta ese extremo llega su interés por cada uno de nosotros, también por ti. Por eso, aunque nuestra fragilidad hace que no haya rival pequeño y que el pecado pueda hacernos sucumbir, no desesperamos, porque Dios está de nuestro lado.

Le importamos. Le importas a Dios. Por eso, lejos de vivir encogido por el temor a hacer algo mal que nos lleve a la condenación –como si Dios esperase el momento a traición–, puedes vivir con la confianza de saber que Dios te quiere con locura. Y entonces ese temor a perder la gracia más que otra cosa no significará sino amarle a Él más que a nada y buscar hacer lo que sabes que le agrada. Con prudencia, sabiendo de tu debilidad, luchando siempre contra lo que tira de ti para abajo, pero con la esperanza de quien se sabe muy amado por Dios.

VIGESIMOCTAVA SEMANA. SÁBADO

1. Pecados que claman al cielo.
2. El pecado que no se perdona y la humildad de Dios.
3. Abandonarse.

1. «Esta situación clama al cielo». Según el Diccionario de dichos y refranes que tengo a mano, esta sentencia se refiere a algo injusto que merece reprobación. El origen de la expresión, en realidad, habla de «llamar al cielo», como indicando que ante la maldad se pide al cielo que actúe inmediatamente para que se imponga la justicia.

El *Catecismo de la Iglesia Católica* advierte de una serie de pecados que claman al cielo, ya que así lo afirma la Escritura: «claman al cielo: la sangre de Abel (cfr. *Gn* 4, 10); el pecado de los sodomitas (cfr. *Gn* 18, 20; 19, 13); el clamor del pueblo oprimido en Egipto (cfr. *Ex* 3, 7-10); el lamento del extranjero, de la viuda y el huérfano (cfr. *Ex* 22, 20-22); la injusticia para con el asalariado (cfr. *Dt* 24, 14-15; *Jc* 5, 4)»[1].

No todos los pecados son iguales. En cuanto a la materia, o sea, lo que se quiere o lo que se hace, se distin-

---

[1] *Catecismo de la Iglesia Católica*, 1867.

guen los pecados veniales (materia leve) de los mortales (materia grave). Además, hay distintos grados de saber que se va a cometer un pecado y de querer cometerlo. Para que una persona cometa un pecado, es necesario que concurran tres elementos: que lo que se hace sea malo (puede ser materia leve o grave), que haya libertad al pecar (consentimiento) y que se tenga conocimiento de que eso está mal (advertencia). Para que un pecado sea grave, deben converger la materia 'grave', la 'plena advertencia' y el 'perfecto consentimiento'. Por ejemplo, cuando uno miente en una cuestión grave de justicia, importante, que puede dañar a otros, será pecado grave si uno lo hace dándose cuenta y, no obstante, queriéndolo. Dándose cuenta y queriéndolo: a veces cuando miramos atrás y vemos que nos hemos comportado así, nos asustamos: «Veía que era malo hacerlo, sin embargo... lo hice». Eso es el pecado, sí.

Ahora bien, entre los pecados mortales hay algunos más graves, porque lesionan especialmente la dignidad del hombre y de Dios. Ofende sobre todo a Dios, como hemos visto, el odio entre hermanos, los pecados aberrantes contra la castidad, la injusticia ejercida sobre los más necesitados (los pobres, los refugiados, los no nacidos) y las injusticias laborales.

Me pregunto si somos especialmente cuidadosos en estas cosas que bien sabemos ofenden tan gravemente al Amor de Dios.

2. Todos, absolutamente todos los pecados –incluso los que claman al cielo– se pueden perdonar; todos menos uno: *al que blasfeme contra el Espíritu Santo no se le perdonará*, reza el evangelio de hoy. ¿Qué pecado es este?

Camino de la universidad hay unas inmensas plantaciones de girasoles. Lomas enteras, verdes y amarillas, en perfecta disposición. Estando con Carmina, que bien sabe Vanesa que es de Misa diaria, esta le comentó la profunda impresión que le causaba el paisaje. No se cansaba cada día de admirar su belleza, y eso le había llevado a pensar lo sobrecogedora que es la belleza de Dios. Un pensamiento profundo que allanó el camino para que Carmina se dispusiera a hacerle esta confidencia: «pues sí, es alucinante la belleza de la creación y de Dios mismo... pero a mí me impresiona aún más la grandeza de su humildad, puesto que siendo capaz de cosas tan grandes, nos ha dejado libres para que hagamos lo que queramos, incluso el pecado».

Dios todopoderoso... que, por su infinita humildad, impone un límite a su poder: nuestra libertad. Por eso, todos los pecados serán perdonados... menos el del orgulloso, que insiste en rechazar el perdón de Dios.

3. Podemos pedirle hoy a la Virgen que nos ayude a vivir, justamente, en la actitud contraria: el abandono en el Espíritu Santo.

No lo entiendo, ¿qué significa eso de abandonarse? Significa entregarse, confiar algo a alguna persona... y nosotros queremos confiarle todo a las tres divinas Personas. Por tanto, anímate en el deseo de descansar en la acción poderosa y dulce del Espíritu Santo. No se trata de dejarle algo, sino de darle todo: pensar, ordinariamente, que Dios tiene razón, que Él sabe más, y apostar por vivir con intensidad cada instante, haciendo nuestra programación, luchando cada día, pero sabiendo que, en último término, todo está en sus divinas, paternales y amorosas manos.

El salmo 145 es una preciosa oración de abandono. Y ahí el escritor sagrado, inspirado por el Espíritu Santo, dejó escrito: *Tu das illis escam in tempore opportuno:* (tú les das el alimento en el momento oportuno). ¡Es verdad! Podemos sudar muchísimo, trabajar el doble y tener la cabeza atestada de cosas: pensar, imaginar, proyectar, planificar, sufrir si no sale... y todo es nada cuando no contamos con Él. Convenzámonos de una vez: es Él quien llena nuestra alma, quien nos da la ayuda que precisamos, quien nos acompaña siempre en nuestras luchas para que no perdamos la paz... Pero Él da su ayuda «en el momento oportuno», o sea, cuando conviene. Habitualmente, eso quiere decir «hoy» y «para hoy», y exige que no nos preocupemos de «lo que pasará». Debemos poner en todo momento lo que está de nuestra parte, pero hemos de confiar cada día más en que salimos adelante por su ayuda.

Es bonito vivir cotidianamente confiando en Dios. ¡Se pone tan cerca!, ¡se muestra tan cariñoso cuando le dejamos!

Junto a todas nuestras fuerzas –que tenemos que comprometer en nuestra vida de familia, estudios, amistades, etc.– es necesario, absolutamente necesario, repetirnos todo el rato que Él manda, gobierna: que no falla.

VIGESIMONOVENO DOMINGO. CICLO A

*1. El Coyote daba mucha lástima, los fariseos
y herodianos, no tanto.*
*2. Dos potentes armas del enemigo
que saben usar los fariseos.*
3. La moneda del César y la moneda de Dios.

1. Recuerdo unos dibujos animados de cuando era niño
–quizá los conozcas, y si no los tienes, seguro a tiro de
youtube– protagonizados por el Correcaminos, una especie de ave terrestre velocísima y el Coyote. La trama
era siempre la misma: el Coyote, ayudado de algún ar-
tilugio marca ACME, maquinaba un sofisticado plan
para atrapar al Correcaminos. El desenlace también era
idéntico siempre: el Correcaminos se libraba y el Coyote
sufría alguna desgracia consecuencia de su fracaso. Me
viene a la cabeza porque los fariseos del evangelio son
como el Coyote, pero sin la simpatía que al final gene-
raba este pobre personaje. San Mateo te describe perfectamente su último plan contra Jesús. No tienen nada de
la marca ACME, pero cuentan con los herodianos, a los
que no podían ni ver, pero cuyo testimonio si Jesús dice
algo contra el pago de impuestos les sería muy útil. No

pases por alto hasta dónde llega un ser humano cegado por la sinrazón: aliarse con aquellos que más desprecia y que más lejos están de su fe.

Si en los episodios del Correcaminos los planes del Coyote solían fracasar por la torpeza de este o, simplemente, por su proverbial mala suerte, en la escena del evangelio de este domingo sucede algo muy distinto. La estratagema, hábilmente tendida por los fariseos –luego nos detendremos en ello, pues merece la pena–, se ve desbaratada por la agudeza e ingenio de Jesús. Porque el Señor se muestra en los evangelios como un hombre de gran sabiduría e inteligencia. Sabiduría e inteligencia que son en él divinas y humanas, y cuya contemplación nos es muy provechosa. Piensa en cómo debieron de sentirse los discípulos al ver al Señor salir vencedor de aquella encerrona, y llénate tú también de admiración y orgullo por Jesús. ¡No es cualquiera a quien sigues! Pídele aprender algo de su astucia e inteligencia para que sepas tú también volver en su contra las armas del enemigo.

2. Precisamente quiero que te fijes ahora en las armas que usan contra Jesús los fariseos y que no difieren demasiado de las que usa contra ti el enemigo. Primero, no pases por alto lo bien elegidas que estaban, por parte de aquellos judíos, las circunstancias que rodean su plan. Los herodianos no están ahí por casualidad, los han ido a buscar para que sean ellos los que testifiquen si Jesús dice algo en contra de pagar tributo. Por eso también esperan a que haya una multitud del pueblo para hacer su pregunta y, en caso de que sea favorable a pagar, se vuelvan contra Él. Han dispuesto las cosas de tal modo que sean adversas a Jesús. Y así obra también el enemigo contigo. Siempre trata de poner en su favor todas las circunstancias para que su tentación sea más efectiva. Una contrariedad que te predispuso quizá a dejarte llevar por la ira, antesala frecuente de una tentación en ese sentido, o tiempos muertos o de ocio no aprovechados que disparan tu imaginación, un plan que se tuerce y no sale... El enemigo sabe aprovechar bien lo que venga y también fabricar él su ocasión. Por eso, no seas ingenuo, no dejes que sea él quien decida dónde y cómo has de dar batalla. Porque no siempre tendrás a mano la fortaleza y el ingenio que muestra Jesús en el evangelio. Sé avispado y cae en la cuenta –cuanto antes– de esas circunstancias que siempre usa el enemigo para ponértelo difícil y pon ahí tu lucha. No te dejes llevar al terreno que él domina.

Una segunda arma que puedes ver en acción en la escena del evangelio de hoy es la adulación. Le dicen los fariseos a Jesús: *Maestro, sabemos que eres sincero y que enseñas el camino de Dios conforme a la verdad, sin que te importe nadie, porque no te fijas en apariencias* (*Mt* 22, 16). Saben bien que es más fácil hacer caer a alguien con suaves y agradables palabras para que bajen antes su guardia. No les importa, por eso, hacer esta declaración sobre Jesús que es, sin embargo, del todo verdadera: Jesús enseña el camino a Dios porque Él mismo es ese camino. Pero que sea verdad lo que dicen no significa que en sus labios esas palabras sean inofensivas, de ahí la cortante respuesta de Jesús: *Hipócritas, ¿por qué me tentáis?* (*Mt* 22, 18). Toma ejemplo de Jesús y no te dejes embaucar por el enemigo, especialmente cuando se sirve de algo verdadero; en sus manos no dudes que será siempre otro engaño para llevarte a donde no quieres.

3. No podemos terminar este rato de oración sin fijarnos, aunque sea un instante, en la respuesta de Jesús a la pregunta sobre si es lícito pagar el impuesto al César. La genial réplica de Jesús no es solo una lección de realismo y una declaración acerca de la separación del poder temporal del divino, cosas ambas contenidas en las palabras de Cristo. En la respuesta de Cristo hay más, encierra un significado profundo acerca del hombre y su dignidad. Los padres de la Iglesia, que son los primeros escritores y teólogos de la antigüedad, así lo han visto en la referencia a la imagen del César grabada en la moneda. En este sentido, medita con calma lo que dice un autor desconocido de los primeros siglos del cristianismo: «La imagen de Dios no ha sido pintada en oro, sino moldeada en los hombres. La moneda del César es de oro; la moneda de Dios es el hombre. En las monedas se ve al César; en los hombres se reconoce a Dios. Por tanto, dad vuestras riquezas al César, pero reservad para Dios la inocencia exclusiva de vuestra conciencia, donde se ve a Dios. La imagen del artesano esculpió la imagen del César, grabándola con caracteres corruptibles. Sin embargo, la mano divina estampó con diez cinceles vivos la imagen de Dios en el hombre. (…) Con tales inscripciones acuñó Dios su moneda, no a golpe de martillo y yunque, sino moldeándola al principio de la creación. El César exige que su imagen esté en las monedas; Dios, sin embargo, la otorga al hombre al que ha creado»[1].

---

[1] ANÓNIMO, *Obra incompleta sobre el Evangelio de Mateo*, 42.

VIGESIMONOVENO DOMINGO. CICLO B

1. Sufrir o no sufrir: esa no es la cuestión.
2. Inventarse sufrimientos.
3. Beber su cáliz; sufrir por Él.

1. Hay que elegir. Los hombres luchan a brazo partido por no padecer, de modo que la pregunta más adecuada ya no es esa de «ser o no ser», sino más bien: ¿sufrir o no sufrir?

Existen dos tipos de sufrimientos: el del cuerpo, llamado dolor; y el del alma, que ocasiona la tristeza. A veces se relacionan entre sí: una enfermedad puede ser causa de esa particular tristeza del alma que es la desesperanza. Y al revés: un estado anímico flojo puede desembocar en una enfermedad física.

Es absolutamente prioritario aprender que es imposible no sufrir –tarde o temprano, llega tanto al cuerpo como al alma–, de modo que resulta mucho más necesario aprender a sufrir por amor. En la medida en que hagamos ofrenda de nuestra propia vida al Señor, Él nos ayudará en nuestras dificultades y nos dará aliento cuando encontremos tristeza o pesadumbre. Lo que es claro es que, si uno elige vivir cómodamente, necesariamente encontrará pronto gran insatisfacción... porque el secreto de una vida feliz es un corazón enamorado. Los que deciden huir por todos los medios del sufrimiento tienen, tarde o temprano, miedo a vivir.

Jesús –leemos en el evangelio de hoy– probó a sus apóstoles Santiago y Juan cuando les dijo si estaban dispuestos a beber el cáliz que él iba a beber. Les invitaba a sufrir con Él y acompañarlo hasta el final. La respuesta fue unánime: podemos. Elegir amar de verdad y elegir sufrir pueden ser una misma cosa. Dile al Señor, tú también, que quieres poder beber el cáliz del sufrimiento, que es fruto de la fidelidad en el amor.

2. De otro modo, te convertirás en un fantástico inventor de sufrimientos. Unos rasgos muy específicos definen el perfil del perfecto inventor de padecimientos. Piensa mucho y solo, sin compañía. Suele tener demasiado tiempo para comerse la cabeza: trabaja poco o con poca intensidad, no mete la cabeza en lo que hace y, además, hay muchos ratos de paseo o de coche para darle mil vueltas a las cosas... la imaginación, con un poquito de memoria y una pizca (poca) de inteligencia, se lanza presurosa a generar miles de problemas y grandísimas desgracias.

Somos así de pobres: si no sufrimos por amor, sufriremos por tonterías. Si no purificamos nuestra memoria, puede llegar a ser un verdadero obstáculo en nuestro camino de felicidad: porque se llena poco a poco de insultos, agravios o desgracias... y si no, los inventamos. Necesitamos limpiar la memoria de cualquier recuerdo que no lleve a Dios; de lo contrario nos hará perder el tiempo y, lo que es peor, conlleva el riesgo de que no perseveremos en nuestra vida cristiana: nos cansaremos.

¿No has sentido nunca el peso de seguir a Jesús y la insinuación de la tentación de abandonar, un poquito o del todo, el camino?

«Después de tu entusiasmo inicial, han comenzado las vacilaciones, los titubeos, los temores. –Te preocupan los estudios, la familia, la cuestión económica y, sobre todo, el pensamiento de que no puedes, de que quizá no sirves, de que te falta experiencia de la vida.

Te daré un medio seguro para superar esos temores –¡tentaciones del diablo o de tu falta de generosidad!–: "desprécialos", quita de tu memoria esos recuerdos. Ya lo predicó de un modo tajante el maestro hace veinte siglos: "¡no vuelvas la cara atrás!"»[1].

3. La pregunta, formulada hace muchos cientos de años, se repite hoy, como al oído de tu alma y tu conciencia: ¿Puedes beber el cáliz que yo he de beber? ¿Quieres venir conmigo hasta el final? Es una apuesta que exige toda la vida, también en lo pequeño, en las cosas cotidianas de cada día. Se trata de pensar con rectitud (¡sencillamente!) y no sufrir por si me han dicho o dejado de decir, si contaron conmigo o me evitaron, o tantas pocas cosas que solo existen en nuestras cabezas. Pídele a Dios que te ayude a ser sencillo: que solo te preocupe servirle a Él y servir a los demás. Espántate cuando te sorprendas pensando en ti mismo. Trata de evitarlo por todos los medios. Lucha por que tu cabeza esté siempre activa para idear nuevos modos de servir: ¿ayudas en casa?, ¿eres ordenado en tus tiempos y en tus cosas materiales (tu cuarto, tu coche, etc.)?, ¿te preocupas por el bienes-

---

[1] *Surco,* 133.

tar material y espiritual de los demás?, ¿los quieres de verdad y se lo manifiestas en hechos concretos?

Por el contrario, piensa si acaso no conoces a alguien –un familiar, un amigo o amiga tuyo– que saca ordinariamente todo de quicio, viendo insidias donde no las hay, y acusaciones donde no existen. Examina si no has coincidido nunca con una de esas personas que hacen casi imposible la convivencia porque ven dobles intenciones en casi todo. Estoy convencido de que sí, y llega ahora el momento de preguntarte, en presencia de Dios, si no serás tú también un poquito así.

Jesús, ¿soy capaz de beber el cáliz del olvido de mí mismo y de la entrega a los demás, o más bien soy un poco complejo y un tanto egoísta?

VIGESIMONOVENO DOMINGO. CICLO C

1. ¿Pero sirve de algo rezar?
2. La oración también es combate.
3. ¿Estás dispuesto a librar esta batalla?

1. Antes de narrar la parábola de hoy, san Lucas nos ofrece ya el sentido de la misma: *Jesús les decía una parábola para enseñarles que es necesario orar siempre, sin desfallecer* (*Lc* 18, 1). Así pues, la cosa está resuelta. Ya sabemos lo que quiere decirnos el Señor... o quizá no, al menos no del todo. El mensaje ciertamente es claro, pero ¿sigue vigente?, ¿vale todavía para hoy? Dicho de otro modo, y como muchos se preguntan, ¿sirve de algo rezar?

Mirando al mundo que nos rodea, lleno de injusticias, muertes, pobreza, y demás calamidades que podamos traer a la mente, la pregunta es pertinente. Frente a todos estos problemas personales y sociales que sacuden nuestro tiempo, parece a primera vista que el mensaje del evangelio de hoy es, cuando menos, poco realista. Sin embargo, el don de la fe nos permite mirar las cosas de otro modo, con mayor profundidad, y entender cómo pueden cambiar las cosas verdaderamente.

Porque, en palabras de Benedicto XVI, «la fe es la fuerza que en silencio, sin hacer ruido, cambia el mundo y lo transforma en el reino de Dios, y la oración es la expresión de la fe»[1].

La viuda del evangelio representa a los que sufren, a todos los que padecen algún mal o están en grave riesgo de padecerlo. Ella encarna la oración tenaz, que pide con insistencia lo que necesita, sin desfallecer. Y si ella obtuvo de un juez inicuo lo que deseaba, ¿cómo podemos pensar que Dios, nuestro Padre bueno y fiel, no escuchará a sus hijos oportunamente? Aquella viuda nos muestra la fe que se expresa en la oración, pero que es también esperanza porque, como nos enseña de nuevo el papa Benedicto, «abre a la tierra a la fuerza divina, a la fuerza del bien».

Tu oración sirve, claro que sirve. Es fuerza poderosísima que, como la de la viuda, abre al mundo a la acción de Dios. Es capaz de romper el telón oscuro –verdadero telón de acero– que el pecado echa sobre los hombres y hacer entrar la luz de la gracia. No abandones la oración, no desfallezcas. Haz caso a Jesús, es de fiar.

2. Junto a la viuda del evangelio hay otro personaje en las lecturas de este domingo del que podemos aprender algo sobre la oración, se trata de Moisés. La primera lectura de la misa nos relata aquel episodio, camino del Sinaí tras haber salido de Egipto, en que Israel sufre el ataque de Amalec. Moisés en la cima de un monte alzaba las manos en posición orante. *Mientras Moisés*

---

[1] BENEDICTO XVI, *Homilía,* 21-10-2007. También para lo que sigue.

tenía en alto las manos, vencía Israel; mientras las tenía bajadas, vencía Amalec (*Ex* 17, 11). Dios estaba con Israel, le da la victoria, pero condiciona su intervención a que Moisés tuviera las manos en alto. Es sorprendente, como dice de nuevo Benedicto XVI: «parece increíble, pero es así: Dios necesita las manos levantadas de su siervo. Los brazos elevados de Moisés hacen pensar en los de Jesús en la cruz: brazos extendidos y clavados con los que el Redentor venció la batalla decisiva contra el enemigo infernal».

Nos enseña de este modo Moisés con sus brazos en alto, auténtica figura de Cristo en la cruz, que la oración es también combate. La lucha decisiva contra el mal, donde Dios vence el pecado en nosotros. Dios cambia las cosas cambiándonos antes a nosotros por dentro. Por eso parece a veces que tarda, que las cosas no varían y se suceden las injusticias y toda clase de males. Cuando tengas la tentación de pensar que Dios no te escucha, que se demora sin motivo, redobla tu oración, confía en él. Haz tuyo el grito desgarrador del profeta Habacuc: *¿Hasta cuándo, Señor, pediré auxilio sin que me oigas, te gritaré ¡Violencia!, sin que me salves?* (*Ha* 1, 1). Es grito esperanzado, grito del alma que clama a Dios, que implora perdón y salvación. Y justo ahí comienza la acción de Dios cambiando y convirtiendo el corazón.

3. La oración –venimos meditándolo– es expresión de la fe y a la vez combate que abre al mundo, y primero a cada uno personalmente, a la fuerza divina. Es por eso esperanza frente al dolor y el sufrimiento, que mantiene encendida la llama de la fe cuando parece flaquear. Por eso es tan inquietante la pregunta con que termina Jesús el relato del evangelio de hoy: *cuando venga el Hijo del* *hombre, ¿encontrará esta fe en la tierra?* (*Lc* 18, 8). Como en tantas ocasiones, Jesús da la vuelta a la cuestión. La pregunta no es si Dios escucha tu oración o si esta sirve de algo. ¡Claro que la escucha y que sirve! Es la fuerza más poderosa para transformar las cosas. No, la pregunta es si tú y yo tendremos fe, si confiaremos en Él y perseveraremos en la oración.

¿Cómo responderás?, ¿encontrará Jesús tu fe? Pídele que te la aumente. Mantén encendida la llama de la fe que se expresa en la oración, pero que también se alimenta de ella. Pídele también librar ese combate de la oración. Los brazos de Cristo, extendidos en la cruz –de los que eran imagen los brazos en alto de Moisés–, piden otros brazos que se extiendan y otros corazones que quieran seguir ofreciéndose al Padre con un mismo amor por la salvación del mundo. ¿Encontrará ahí Jesús tus brazos, tu corazón, tu fe? Pídele que así sea, que se inflame tu alma en deseos de librar junto al salvador esa batalla preciosa de amor. ¡Qué alegría incomparable tendrás en tu alma si atisbas el gozo de Cristo al encontrar ya, desde ahora, tu fe en la tierra!

VIGESIMONOVENA SEMANA. LUNES

1. La codicia divide, la caridad une.

2. Cuidado con la necedad del hombre rico, es contagiosa.

3. La riqueza que sí interesa.

1. El Señor responde tajante a aquel hombre que se le acerca para pedirle que le diga a su hermano que reparta con él la herencia: *¿quién me ha constituido juez o árbitro entre vosotros?* (*Lc* 12, 14). Llama la atención la contestación de Jesús, porque si alguien puede juzgar, es Él, que es el Señor de todo lo creado. De hecho, decimos en el credo que «vendrá a juzgar a vivos y muertos». ¿Qué quieren decir entonces las palabras de Jesús?

Verdaderamente, Jesús es el juez supremo ante el cual las almas comparecen para obtener el premio eterno o la condenación, según hayan sido sus obras y conforme a cómo se han acogido a la misericordia divina. Por eso se entiende que el que juzga de lo supremo no quiera mezclarse en las cosas menores. Pero aún hay otra razón de mayor peso que explica el proceder de Cristo. Aquel hombre parece movido por la codicia, a tenor de cómo continúa el discurso de Jesús. Y en efecto es propio de la codicia dividir, que es precisamente lo que se haría con el reparto demandado. Y Cristo no ha venido a dividir, sino a unir. Lo propio de la caridad es unir. Y Jesús quiere reunir a todos en torno a sí. La codicia es enemiga de esto, por eso el Señor es rotundo cuando nos manda: guardaos de toda clase de codicia. Porque la codicia separa, desune, siembra discordia. El hombre del evangelio habla de la herencia y de su hermano, ¡cuántas familias se enfrentan y dividen por el reparto de las herencias! Quizá tienes esa experiencia entre los tuyos, o lo has visto de cerca en familias amigas. La codicia rompe la caridad.

Busca la caridad en lugar de la codicia. Como dice san Agustín: «¿Qué significa *guardaos de toda codicia*, sino *llenaos de amor*? Nosotros, poseyendo el amor en la medida de nuestra capacidad, interpelamos al Señor contra un hermano, como aquel, pero no con las mismas palabras ni con la misma petición. Pues aquel decía: *Señor, di a mi hermano que divida conmigo la herencia*; nosotros le decimos: *Señor, di a mi hermano que posea conmigo la herencia*»[1].

2. Jesús completa sus palabras, dichas a propósito de la petición de aquel hombre, con una parábola sobre un hombre rico que hace planes de futuro sobre su creciente riqueza, pero que al final de la historia recibe una sentencia terrible de boca de Dios mismo: Necio, esta noche te van a reclamar el alma, y ¿de quién será lo que has preparado? (*Lc* 12, 20) El hombre necio, en la Sagrada Escritura, es el que, contra la experiencia de que todas las cosas de esta vida pasan, busca fundamentar

---

[1] SAN AGUSTÍN, *Sermón 265*, 11.

en ellas su existencia. Juventud, riqueza, honor, poder, la propia salud, todo esto es efímero, no duran para siempre, y en último término está la muerte que nada de aquello puede franquear. Por eso, hacer que la propia vida descanse por entero en estas cosas, que son pasajeras, es una necedad.

Pero, si es tan evidente, ¿por qué tantos caen en tal necedad? Aunque todos los bienes y riquezas del mundo sean caducas y no puedan traspasar con nosotros el umbral de la muerte, sin embargo, tienen una gran capacidad para deslumbrarnos y captar nuestro deseo. Por eso, la codicia es tan peligrosa, porque nos ciega. Impide que veamos el verdadero valor de las cosas. La advertencia del Señor cobra pleno sentido, hay que guardarse de toda codicia porque nubla nuestro juicio.

Cuentan que lo que más desconcertaba a los pueblos que conquistó Gengis Khan era que no hacía aprecio de las riquezas. Mantenía una vida dura y austera en comparación con los reyes que doblegaba. No habitaba palacios ni vestía con lujos, sino que siguió por toda su vida viviendo en una tienda de fieltro. Por más que intentaban sobornarlo con oro, sedas, plata o cualquier otra cosa, no lograban torcer su voluntad. No era casual, sino totalmente calculado. El caudillo mongol estaba convencido de que, si se daba a la buena vida, los lujos y placeres, rodeado de toda riqueza, perdería la agilidad de mente y la claridad de juicio para regir a su pueblo. Él que era un hombre de fortaleza probada, y seguramente fuera del alcance de la mayoría de los mortales, sabía del peligro de confiarse a las riquezas y al placer. Tú y yo, que no seremos ni la mitad de fuertes que el Gran Khan, haríamos bien en tomar nota. No te digo que vivas en una tienda, pero sí que pongas los medios necesarios para que la codicia no nuble tu buen juicio.

3. El destino del rico necio es descorazonador, y, como apostilla Jesús al terminar la parábola, *así es el que atesora para sí y no es rico ante Dios* (*Lc* 12, 21). Conviene entonces guardarnos de toda codicia, que es lo que lleva a la necedad del rico, pero sobre todo conviene atesorar ante Dios la auténtica riqueza.

Si en la Biblia el hombre necio es el que se apoya en sí mismo y en los bienes de la tierra que no pueden salvar, el hombre que confía en el Señor, que apoya toda su vida en Él, es quien ha adquirido así un corazón sabio y un tesoro en el cielo. Atesorar ante Dios, ser rico ante Él, consiste precisamente en esto: en tener a Dios por única riqueza. Esta es la sabiduría suprema que se opone a la necedad del rico. Pídesela a Dios. Él es el único que otorga tal sabiduría, el único que puede instruirte en ese camino de riqueza verdadera. Vale más que cualquier otra cosa. Como dice de sí misma la Sabiduría en el libro de los Proverbios: *Aceptad mi instrucción, no la plata; el conocimiento mejor que el oro fino, pues la sabiduría vale más que las perlas, ninguna joya se la puede comparar* (*Pr* 8, 10-11).

VIGESIMONOVENA SEMANA. MARTES

1. Temo a los griegos incluso cuando traen regalos.

2. Es peligroso dormirse en los laureles.

3. Para estar despiertos, un paquete de medidas.

1. Fue un desengaño amoroso lo que hizo que creciera en su alma un héroe. Se había enamorado de la chica, desconocedor de que ella sufría el tormento interior de desconocer el paradero de su amado. Cuando descubrió que ella tenía ya un amor, lejos de enojarse o considerar la situación como injusta, decidió noblemente ayudar a la muchacha a encontrar a su novio. Movido por tan noble comportamiento, Obelix se enroló, junto con su inseparable amigo Asterix, en las filas de la legión romana para buscar a Tragicomix, el novio de Falbalá.

El primer paso en su búsqueda fue preguntar en los archivos centrales. Después de infructuosas gestiones, consiguieron saber que estaba acampado con César en el norte de África luchando contra Escipión. Para llegar a esa certeza hubieron de preguntar en decenas de ventanillas de la administración romana, reproduciéndose siempre la misma escena: los galos decían que buscaban a Tragicomix, y el romano contestaba: «¿con T, como Timeo danaos et dona ferentes?».

La frase latina es clásica, entresacada de la *Eneida* de Virgilio, y significa «temo a los griegos incluso cuando traen regalos». Después de nueve años de luchas en las playas de Troya, Calcas introduce a los líderes griegos en el caballo de Troya, que ofrecerán a la ciudad como regalo. Sin embargo, el sacerdote troyano Laocoonte desconfía del presente y advierte a los troyanos que no acepten el obsequio. Finalmente, los troyanos abrieron las puertas de sus magníficas e impenetrables murallas. Pensaban que, con ese obsequio, la guerra con los griegos había terminado. De hecho, así fue: los selectos soldados salieron del caballo y arruinaron la ciudad.

Jesús, en el evangelio, nos recomienda que en la vida seamos vigilantes, que estemos siempre con las lámparas encendidas. Debemos pedir a Dios con humildad el regalo de estar siempre en gracia de Dios, y para ello será muy conveniente temer siempre al enemigo –el demonio– incluso cuando trae regalos.

No seas ingenuo como los troyanos, que después de años de lucha se abandonaron por los dulces presentes de los griegos.

Da igual que hayas acabado de empezar en tu seguimiento de Cristo o lleves ochenta años sirviendo al Señor: tu vigilancia, tu espíritu pronto para la lucha debe ser como el de la primera vez, como el del primer amor. Renuévalo ahora con la ayuda del Espíritu Santo, que te escucha y está dispuesto a darte su gracia.

2. Es peligroso dormirse en los laureles. Ha pasado con algunos deportistas: batieron marcas mundiales en atletismo o en natación, pensaban que ganarían siempre, pero no fue así. La causa del fracaso muchas veces se pone de manifiesto con la revelación, por parte de la prensa, de comportamientos poco compatibles con una vida deportiva de competición. En muchos de esos casos, tardaron meses o años en recuperar la forma perdida, e incluso algunos no llegaron a recuperarla jamás.

Por eso te aconseja hoy Jesús en el evangelio que veles, que no te duermas, que estés atento y vigilante. Así podrá decir de ti: *Bienaventurados aquellos criados a quienes el señor, al llegar, los encuentre en vela* (*Lc* 12, 37).

Piensa que nos dormimos cuando damos por hecho que algo no es importante. Consideramos que ya no es necesario tener los mismos detalles con nuestra esposa o con nuestra novia porque, total, ya son muchos años... o dejas de arreglarte para tu esposo porque –lo tienes comprobado– ya no se fija en casi nada; solo en el sillón cuando llega cansado de trabajar. Bajando la guardia florece el desamor, no solo en la vida matrimonial o de familia, sino también en la vida cristiana: dejas de levantarte en punto porque luego, con un poquito de acelere, llegas casi a tiempo; recortas ordinariamente tu oración unos minutos porque, total, no me apetece tanto y lo importante es que he estado ya un rato junto a Dios; tu mesa de trabajo es un desorden absoluto y del armario, mejor no hablar; pero, total, son mi mesa y mi armario...

Procura, insisto, estar vigilante para que no se enfríe tu amor, y toma medidas ya mismo con respecto a cada una de esas cosas pequeñas. Tu entrega en eso será la hojarasca que hará brillar con nueva luz la hoguera de tu amor.

3. Ante una dificultad o situación de riesgo o crisis, los líderes de empresa se reúnen con su comité de dirección o bien los políticos de turno juntan a su gabinete de ministros para adoptar, unos y otros, un paquete de medidas.

Este deseo nuestro de permanecer despiertos y activos en nuestra entrega espiritual exige que tomemos también nosotros nuestro particular paquete de medidas.

«Ponte en pie por las mañanas con el propósito de que (con la gracia de Dios) el día no pase sin algún renunciamiento; algún renunciamiento en placeres y gustos sin importancia»[1], decía J. H. Newman. «Que el mismo levantarse de la cama sea un renunciamiento, que tus comidas sean un renunciamiento. Proponte ceder ante los demás en cosas sin importancia, cambiar tu modo de ser en cosas menores, tomarte molestias (sin descuidar tus deberes) antes que quedarte ese día sin disciplina».

Al finalizar su sermón parroquial, el inglés se pregunta: «¿Cómo sabré si lo que hago es sincero?; yo le diría: haz algún sacrificio, haz algo que te contraríe, algo que no estés obligado a hacer (siempre que sea bueno), para hacerte ver que amas a tu Salvador con obras, que aborreces el pecado, que aborreces tu debilidad, que has dejado de lado las cosas de este mundo».

Con brillantez intachable, el santo concluye: «Pruébate a diario en cosas pequeñas; así verás que tu fe no es un engaño». Esta es la mejor manera de mantenernos en posición de vigilancia.

---

[1] J. H. NEWMAN, *Sermones parroquiales*, t. 1, Madrid 2007, 96. Y lo que sigue.

VIGESIMONOVENA SEMANA. MIÉRCOLES

1. *Mi amo tarda en llegar: señores de la muerte.*

2. *Quitar a Dios ser Señor de la vida.*

3. *Abrirse a la vida.*

1. Un aviso para navegantes al comenzar nuestra oración: *si aquel criado dijere para sus adentros: «Mi señor tarda en llegar», y empieza a pegarles a los criados y criadas, a comer y beber y emborracharse, vendrá el señor de ese criado el día que no espera y a la hora que no sabe y lo castigará con rigor, y le hará compartir la suerte de los que no son fieles (Lc* 12, 45-46).

En el relato del primer libro de la Biblia, el Génesis, Dios da a Adán el privilegio de poner nombre a todos los animales y a todas las cosas que pueblan la tierra. De este modo, lo hace responsable de todas las cosas, y le encomienda el cuidado de su obra. Los hombres son administradores de toda la creación. Tienen el encargo de cuidarla y hacerla crecer.

Sin embargo, el tentador sugiere al hombre que, puesto que el amo tarda en llegar, debe hacerse dueño de la viña. Dios está demasiado lejos para estar pendiente. La soberbia mueve a la conciencia a obrar no como administrador, sino como propietario.

Ya pasó en el primer pecado de Adán: la primera pareja no quiso someterse a Dios, que es el Señor de la vida y de la muerte, y decidieron ponerse ellos en el lugar del todopoderoso. En eso consiste fundamentalmente el pecado original y es la raíz de todos los pecados.

Hoy parece que también el hombre quiere ponerse en el lugar de Dios, convirtiéndose en el señor de la vida y de la muerte. Las legislaciones de muchos países deciden cuándo un hombre es digno de nacer o no, y aprueban en sus leyes conductas tan enemigas de la vida humana como el aborto. En otros lugares, la ancianidad ha dejado hace tiempo de ser un bien que hay que cuidar, abandonando al arbitrio de cada uno poner fin a la propia vida como si fuera algo que se pudiera decidir.

Cuando el hombre se pone en el lugar de Dios y deja de ser administrador de la creación para ser su dueño, se reproduce exactamente lo que nos ha contado Jesús en el evangelio: unos dominan sobre otros, comienzan a pegar a los mozos y a las muchachas, a beber y a emborracharse; lo que estaba destinado a prosperar se convierte en el hogar de la tiranía, aunque se encubra de horizontes de libertad.

Cristo anuncia el final del soberbio: la condenación, porque no quiere a Dios. El consejo es claro: trata de huir por todos los medios de este pecado y de todas sus manifestaciones.

«La soberbia entorpece la caridad. –Pide a diario al Señor –para ti y para todos– la virtud de la humildad, porque con los años la soberbia aumenta, si no se corrige a tiempo»[1].

2. El fruto de la soberbia es la división, mientras que la consecuencia de la humildad es la caridad y la unidad. Por eso, en un mundo en el que todos se hacen dioses, es natural que prendan los enfrentamientos.

El papa Pablo VI, en el año 1968, anunció los riesgos que amenazarían al hombre si este se ponía como señor de la vida y de la muerte: no solo existe la tentación de quitar la vida cuando se juzga oportuno (aborto, eutanasia), sino de darla cuando se quiere bajo cualquier medio, por ilegítimo que sea (fecundación artificial)... y eso es altamente peligroso.

El papa advertía entonces del peligro de separar la sexualidad de la fecundidad, y elegir por propia y arbitraria decisión cuándo la vida tiene derecho a existir. Anunció que la vida dejaría de ser fruto del amor, y no erró en su pronóstico.

Era la época de la llamada revolución sexual. Mediante métodos anticonceptivos, se separó la vida de la relación sexual, que no siempre ni necesariamente debían estar unidas. Cabía reducir esa expresión al amor de la pareja, pero no obligatoriamente debía incorporar vida.

Más tarde, algunos hicieron bandera del amor libre, señalando que no solo la sexualidad está separada de la vida, sino también del compromiso estable. Se banalizó la relación sexual, como si no tuviera más significado que el placer.

---

[1] *Forja*, 596.

Hecha esta disección, los avances técnicos pronto pudieron obtener la vida en el laboratorio, anunciándose entonces el definitivo divorcio entre el amor, la relación sexual y la vida, como si nada tuvieran que ver: el nacimiento –y la muerte– de nuevos seres humanos quedó al alcance del poder humano.

Finalmente, aunque es probable que no sea el último escalón en esta excursión del hombre lejos de Dios, se llegó a la conclusión de que la sexualidad y la naturaleza nada tienen que ver. Entonces, como si el hombre no fuera su cuerpo y nada tuviera que ver con él, se repensó su propia constitución, para concluir que las relaciones pueden establecerse, en igualdad de condiciones, con personas del mismo sexo porque, en definitiva y obviando el dato manifiesto de la naturaleza corporal y afectiva, no hay ninguna diferencia: cada uno elige.

Por sus frutos los conoceréis. Conviene preguntarse si los frutos de esta revolución han sido buenos o más bien todo lo contrario: porque nunca ha habido más violencia doméstica que ahora, menos vida en los países supuestamente desarrollados, mayor tasa de infidelidad en el matrimonio, elevadísimo número de depresiones…

Hacer un diagnóstico no es negativo, sino que es principio de solución. Merece la pena no ponerse en el lugar de Dios, sino aceptar la grandísima libertad que nos ha dado, e intentar ya, desde joven, construir relaciones de amor que respeten la vida.

3. Piensa, en este último rato de oración, si vives así tu matrimonio o tu noviazgo. Decía Pascal que la fe cristiana es difícil de explicar, casi imposible; pero cuando se vive sinceramente se experimenta cuán verdadera es. Inténtalo: destierra de tu relación todo lo que sea enemigo de la vida. Mantén muy unidas esas tres cosas (relación sexual, amor y fecundidad) y descubrirás lo vibrante de estar en manos de Dios. Recuerda las palabras del salmista: «es mucho mejor estar en manos de Dios que caer en manos de los hombres». De otro modo, puede prender el egoísmo en el seno del hogar, en el lugar de la intimidad, y será causa oculta de otras muchas dificultades que, con buen criterio, afectarán a la relación.

Quizá seas aún joven para plantearte estas cosas. En tal caso, piensa si con esos amigos o amigas esperas encontrar la persona con la que compartir toda tu vida en un proyecto de amor cristiano (que es el más humano de los amores). ¿Saliendo por esos sitios esperas encontrar un horizonte de vida limpio y fecundo? Creo que, antes que todo eso, te toparás sin dificultad con la tentación y la duda, como les pasó en el origen a nuestros primeros padres, cuando Adán y Eva se preguntaron por qué no morder la manzana de la soberbia... y conocieron –ellos y todos nosotros– la amargura del pecado.

VIGESIMONOVENA SEMANA. JUEVES

1. Pero... ¿Cristo no traía la paz?

2. La división puede llegar a tu casa,
   hasta los que más quieres.

3. El fuego que Cristo quiere que prenda en tu alma.

1. *¿Pensáis que he venido a traer paz a la tierra?* (*Lc* 12, 51). Si no fuera porque el mismo Jesús contesta inmediatamente a esta pregunta, formulada por él mismo de manera retórica, es posible que nos apresurásemos a responder que sí. Porque, ciertamente, si examinamos el evangelio, encontramos un claro mensaje de paz. El mismo san Pablo dice de Jesucristo que *es nuestra paz: el que de los dos pueblos ha hecho uno, derribando en su cuerpo de carne el muro que los separaba: la enemistad* (*Ef* 2, 14). Entonces, ¿cómo entender las palabras de Jesús en el evangelio de hoy? ¿A qué se refiere con que ha venido a traer *división* (cfr. *Lc* 12, 51), o peor aún –según la versión de Mateo de este pasaje–, la *espada* (cfr. *Mt* 10, 34)?

No olvides que Jesús dice estas palabras camino de Jerusalén, donde le aguarda la muerte en la cruz. Sus palabras de hoy nos indican que la paz que Él nos ofrece no es sin más la ausencia de conflicto. Esa no es la auténtica paz. Que no haya conflicto no significa que reine una paz auténtica. Incluso la historia misma nos muestra cómo el mero antibelicismo no garantiza la paz, como sucedió en los años previos a la segunda guerra mundial con las políticas de Inglaterra y Francia respecto del nazismo. También hay ausencia de conflicto en un cementerio. No es esa la paz de Jesús. La suya es el fruto de una lucha que combate y vence al mal en el mundo y en cada uno de nosotros. La paz que te ofrece Cristo es el resultado de la victoria sobre el mal. Pero esa victoria solo llega tras la cruz.

Por eso si quieres paz verdadera, prepárate para el combate contra el mal y el pecado, empezando por ti mismo y lo que tienes más cerca.

2. Quien quiera librar este combate contra el mal, permaneciendo fiel a Dios, necesariamente afrontará dificultades, incomprensión de muchos e incluso auténtica persecución. Si quieres seguir a Jesús en su camino a Jerusalén y librar la batalla contra el pecado, has de comprometerte, sin componendas, con la verdad. Pero sé consciente de que al hacerlo encontrarás oposición, incluso en el seno de tu familia, entre los que más quieres. Te convertirás sin quererlo, como Jesús mismo, en causa de división. Y, sin duda, todo esto te hará sufrir. Sufrirás especialmente por la incomprensión, oposición e incluso rechazo de quienes más quieres: amigos, hermanos, quizá incluso padre o madre. Pero recuerda que ni siquiera el amor a los propios padres, ni el respeto que les debemos, puede anteponerse al amor a Dios.

Suplica al Señor, que sufrió incomprensiones y persecución, que te dé fortaleza para resistir. Busca en Jesús tu apoyo, Él te sostendrá. Te enseñará a sobrellevar todo eso sin que el sufrimiento –que no te lo quitará– amargue tu corazón. También será tu maestro en el arte de ser, en medio de ese ambiente hostil, instrumento de la auténtica paz. Usa para ello la táctica de san Pablo: *no te dejes vencer por el mal, antes bien, vence al mal con el bien* (*Rm* 12, 21). Ahoga la incomprensión de los que te rodean y toda oposición de amigos o familiares con la fuerza de tu amor y la delicadeza de tu trato. No respondas provocación con provocación, sino que pide al Señor tener la mansedumbre de callar y desagraviar cuando sea un desvarío lo que te dicen. Y hazlo sin amargura, pagando gustoso ese precio que implica la fidelidad al Señor, que ha de ir siempre acompañada de la delicadeza hacia los que nos rodean.

3. Pero las oposiciones y dificultades que encontrarás, si tomas en serio el combate de Cristo, no son solo exteriores. La casa dividida *tres contra dos y dos contra tres* (*Lc* 12, 52) significa también tu alma. Porque en tu interior experimentas también esa batalla y esa división fruto del pecado contra el que quieres combatir. Al momento que alzas tu alma a Dios y buscas servirle y unirte a Él, sale también a la luz todo aquello que, como peso muerto, tira de ti para abajo. Es el pecado y sus consecuencias, que afectan también a lo más profundo de ti, a tu entendimiento y a tu voluntad, incluso a tu deseo.

¡Ojalá se encienda tu alma de amor de Dios y te decidas a librar ese combate! Aunque cueste, aunque pases momentos en que interiormente te debatas y sufras por esa tensión con el pecado y esa división interior. Es la tribulación que antecede a la paz verdadera, la tormenta antes de la auténtica calma. Y recuerda que no luchas solo. Cristo ha pasado por un bautismo y ha prendido con un fuego nuevo a la tierra. El bautismo de que habla el Señor es la cruz, su muerte y resurrección. Ahí tienes tu baluarte para la batalla. Un bautismo que no es como el de Juan, signo externo de conversión, sino auténtica fuente de salvación para quien se acerca a él. Es fuente para nosotros de fuego inextinguible: el Espíritu Santo. Cuenta con esa fuerza maravillosa del Espíritu. Pide a Jesús que te dé copiosamente su Espíritu y que arda con Él tu corazón. ¡Y cuánto ha deseado Jesús que arda tu alma en su amor! Ese fuego de su amor es llama victoriosa que consumirá tus pecados y el mal de tu alma.

Encomiéndate para la batalla a la Reina de la Paz. Ella, que compartió hasta el martirio de su alma la lucha de su Hijo, si se lo pides, también compartirá hasta el final la tuya.

VIGESIMONOVENA SEMANA. VIERNES

1. La clave para interpretar el tiempo presente.
2. El juicio depende de lo que sucede en el camino.
3. ¿Quién es el adversario en el camino?

1. Estuve hace tiempo unos días de descanso en un lugar del norte de España de tiempo irregular, y no especialmente bueno. Saber si al día siguiente llovería o no era de gran utilidad para preparar el plan correspondiente. Aunque soy fan de una cierta aplicación de móvil que ofrece una predicción del tiempo muy detallada y fiable, sobre todo para tres días en adelante, he de reconocer que no había mejor parte sobre el tiempo del día siguiente que el de D. Alfredo, un sacerdote ya mayor que llevaba toda la vida en aquel lugar. No falló ningún día. Incluso uno que a simple vista tenía todos los ingredientes de lluvia nos fiamos de su juicio: «no lloverá porque sopla norte, y se llevará las nubes», y así fue.

Interpretar el tiempo meteorológico es un arte que requiere de mucha experiencia y de una observación atenta. Sucede lo mismo en la interpretación del tiempo presente; del tiempo de Jesús y del nuestro, porque en realidad es el mismo. Es preciso observar con atención y confrontar lo observado con la experiencia personal. Por eso Jesús les pone el ejemplo de la meteorología. Si saben observar lo que sucede en el cielo y el aspecto de la tierra para hacer un pronóstico certero en función de su experiencia, ¿por qué no hacen lo mismo con Jesús?, ¿por qué no son capaces de reconocer el tiempo nuevo que abre para los hombres?

Tienen ante sí las obras y palabras de Cristo, y en la Escritura se les ofrece la experiencia necesaria para reconocerlos. En la Sagrada Escritura tienen –y tienes también tú– condensada la Experiencia de salvación de Israel, la historia que Dios ha ido realizando con ellos. ¿Qué sucede entonces si no les falta nada para poder concluir acertadamente?

Topamos con el misterio de la libertad humana. Podemos no querer. La libertad del hombre, tu libertad es tan grande que puede negarse a sí misma y destruirse, como les sucede a aquellos contemporáneos de Jesús. Pídele a Dios que no te suceda a ti.

2. Hay algo esencial que debemos interpretar adecuadamente en nuestra vida. Nos lo recuerda Jesús hoy en el evangelio: el resultado del juicio, al final de la vida, depende de lo que sucede en el camino. Esto supone, primeramente, asumir que el tiempo de que disponemos es finito, es limitado y se acaba. No somos eternos en esta vida, aunque estamos destinados por Dios a compartir con él la eternidad. Parece una obviedad, pero cuando se tiene salud o juventud, o ambas cosas, se olvida con frecuencia. Nos conviene recordarlo a menudo, estamos de paso por la vida. Hay un final, y este tiene la modalidad de un juicio. El juez del final de la parábola es el mismo Jesús que aguarda al final de la historia y que nos espera a cada uno al final de nuestra vida.

Como te decía, el juicio depende de lo que sucede en el camino, es decir, de lo que haces en tu vida. Dios te ha concedido un tiempo limitado, ¿qué harás con él? Piénsalo. Desde esta perspectiva, tus actos cobran una profundidad y una trascendencia que ordinariamente se nos puede escapar. Por eso conviene que te detengas, con frecuencia, a meditar en ello en tu oración. Que delante de Dios te preguntes cómo estás recorriendo el camino. Como un niño ante su padre o su madre, pregúntale a Dios si está contento contigo, con lo que haces, con lo que quieres hacer. Pregúntale adónde te llevan tus pasos, y si se tuercen, pídele la humildad necesaria para reconocerlo y la fortaleza para rectificar.

Tienes un tiempo precioso, un regalo de Dios para que lo aproveches y busques amistad. La mejor garantía de llegar bien al final es recorrer tu camino bien acompañado. ¡Ojalá dejes a Cristo ser esa buena compañía!

3. *Mientras vas con tu adversario al magistrado, haz lo posible en el camino por llegar a un acuerdo con él, no sea que te lleve a la fuerza ante el juez* (*Lc* 12, 58). ¿Cuál es ese adversario en el camino del que Jesús nos habla? San Agustín nos ayuda a encontrarlo: «si pecas, tu adversario es la palabra de Dios. Pongamos un ejemplo: quizá te gusta emborracharte. Ella te dice: *no lo hagas*. Quizá te deleitan los espectáculos y las frivolidades. Ella te dice: no lo hagas. Quizá te agrada el adulterio. La palabra te dice: *no lo cometas*. En cualesquiera pecados en que pretendas hacer tu voluntad, te dice: *no lo hagas*. Ella es el adversario de tu voluntad hasta que llegue a convertirse en autora de tu salvación. ¡Oh buen enemigo! ¡Qué provechoso adversario!»[2].

¿Te sorprende buscar en la palabra de Dios ese adversario con que ponerte de acuerdo en el camino? No identifiques aquí adversario con enemigo. Más bien entiende adversario en un sentido –permíteme la expresión– deportivo, como aquel con quien te mides para sacar de ti lo mejor. La historia del deporte abunda en ejemplos de rivalidades, sanísimas, que en la competencia mutua han hecho grandes a ambos deportistas. Es más, posiblemente sin cruzarse no habrían llegado tan lejos ni perfeccionado tanto su disciplina. Los grandes adversarios nos hacen crecer en la vida cuando la afrontamos con espíritu deportivo. Mira así a la palabra de Dios y mídete sin miedo con ella. Confronta tu vida con el Evangelio. Verás multitud de cosas en las que has de mejorar y ponerte de acuerdo con la palabra de Dios –sin componendas, para hacerla tuya y vivirla–. Aprovecha el camino, el tiempo que Dios te ha regalado para esa competencia maravillosa: será de gran provecho para tu alma.

---

[2] SAN AGUSTÍN, *Sermón 109*, 3.

VIGESIMONOVENA SEMANA. SÁBADO

1. Dios está dispuesto a esperar.
2. La paciencia de Jesucristo.
*3. Paciencia con uno mismo, con los demás
y con las circunstancias.*

1. Convulsión en el ambiente: todo revuelto. En tiempos de Cristo no había prensa ni redes sociales ni internet, pero sí transmisión de noticias boca a boca que hacía que las novedades prendieran como la pólvora. Pilato había entrado a cuchillo en una reunión asesinando a los galileos que estaban ofreciendo unos sacrificios. La escena debió de ser terrible: la sangre de hombres y animales mezclada en una batalla desigual. Los hombres de Pilato sabían muy bien cómo actuar: eran profesionales sofocando multitudes. En el mercado y en la plaza, de modo oculto y a la luz pública, en todos los lugares no se hablaba de otra cosa, cuando llegó otra noticia devastadora. Dieciocho hombres habían resultado muertos al caerse la torre de Siloé. Fenecieron fruto del golpe o de la asfixia, casi todos aplastados.

No había un solo israelita que no conociera estas dramáticas muertes. Los expertos aventuraban que ambas cosas habían sido consecuencia de sus pecados: prendía la idea de que a Dios se le había acabado la paciencia ante los múltiples y abundantes pecados de los hombres. Dios estaba harto de la injuria de sus criaturas y castigaba con la desgracia la ofensa a su divino Nombre.

Los corazones sencillos asentían a esta «teoría oficial», pero por dentro sufrían pensando si acaso ellos no serían merecedores de idéntico castigo. Tenían más miedo a Dios que al pecado y vivían sobrecogidos de temor. Dios lo ve todo, pensaban, pero yo, ¿qué puedo hacer?, ¿cómo podré cambiar?

Jesús, que va camino de Jerusalén, percibe la incertidumbre de las conciencias de sus contemporáneos. Algunos aparecen para contarle lo que, de hecho, ya sabía: el asesinato masivo perpetrado por Pilato. Cristo mira en torno: son sus apóstoles, almas grandes que morirán por amor a Él; son las santas mujeres, brillantes por su pureza, lavadas algunas de ellas por el amor misericordioso de Cristo; son las gentes sencillas, que esperan de Dios algo más que un juicio de severidad.

Si pensáis que las cosas son así, todos pereceréis de la misma manera. Pero os equivocáis: aunque la higuera no dé fruto, Dios está dispuesto a esperar un año más, con la esperanza de que se corrija.

Es la paciencia del buen Dios que no piensa como los hombres. Nunca concluyas que, por tu culpa o tu pecado, estás lejos de Dios porque, aunque te alejes mucho, Él siempre estará, esperando, cerca de ti.

2. Aunque la higuera no dé fruto, déjala, por favor, otro año más. Probablemente no es la primera vez que el viñador lo decía. Año tras año, el agricultor se excusaba ante su Señor en términos idénticos. Pero a Dios no le importó: basta una mínima súplica para encontrar su infinita paciencia; porque Dios no quiere que los hombres sean infelices o se condenen, sino todo lo contrario.

Cristo paciente, que sufre primero el desgarro de su divino corazón en el huerto; que padece el escarnio de la flagelación siendo absolutamente inocente. ¡Qué infinita es la paciencia de Dios! Ve gritar a la turba embravecida que suplica la liberación de Barrabás, un asesino odiado por todos. Uno a uno son los mismos que le escucharon en el monte de las bienaventuranzas, que fueron curados de sus enfermedades o saciados con la multiplicación de los panes. Son rostros conocidos los que prefieren al infame Barrabás. Jesús calla y ora por ellos: Jesús soporta el insulto, el escupitajo y el desprecio camino del calvario... y, finalmente, ofrece a todos los hombres un ejemplo de paciencia sufriendo en silencio el peor de los padecimientos: la crucifixión.

Aprende ahora de la paciencia de Dios: *Más vale ser paciente que valiente, dominarse que conquistar ciudades* (*Pr* 16, 32).

La paciencia es una parte de la virtud de la fortaleza que se refiere a la capacidad de soportar con cierta igualdad de ánimo (sin perder los papeles), por amor a Dios, los sufrimientos físicos y morales y las situaciones o personas difíciles.

3. Hablaba dulcemente con su novio. Era una conversación telefónica de tocar el cielo... Era imposible colgar: ninguno de los dos quería. De repente, su madre entró en el cuarto, y para decirle a su hija que... pero no hubo tiempo. Un grito dramático salió de la boca de Blanca: ¡¡¡Mamá!!! ¿No ves que estoy hablando por teléfono?

La paciencia hay que intentar vivirla, como primera medida, con aquellos con quien tratamos más a menudo. Dominar el mal genio es una tarea básica para mejorar nuestra convivencia familiar. Piensa que tu novio, si escucha eso, pensará en buena lógica que, cuando pierdas ese gustirrinín inicial, él será el siguiente en recibir esas bofetadas dialécticas. No te engañes. La impaciencia causa destrozos y es ineficaz. Te ayudará a ser paciente la comprensión –si ya sabes que va a ocurrir, ¿por qué te tensas?– y la fortaleza (luchar de ordinario por dominarte a ti mismo, con la mortificación, el deporte, la reciedumbre).

La paciencia con el prójimo se convierte en un ejercicio de fe grande cuando se trata de esperar que los otros cambien: un hijo que está lejos de Dios, un amigo que se ha perdido en el camino, una situación de desamor de personas a las que queremos mucho. Ahí también conviene saber esperar… y rezar: rezar mucho, porque Dios, en su infinita omnipotencia, puede ayudarnos, aunque a veces parezca que no atiende a nuestros deseos.

La paciencia con los demás es más fácil de vivir si somos pacientes con nosotros. Piensa que la adquisición de la virtud no es fruto de esfuerzos esporádicos, sino de lucha continua, y por eso es necesario saber esperar y no desalentarse ante los propios defectos. Si piensas que no puedes, convéncete: tienes razón. Pero poco a poco, y con la ayuda de Dios, todo mejorará. En cualquier caso, acéptate como eres: será el primer paso para crecer.

Tommasso entró, un 15 de agosto, en ese café-bar que hay junto a Trevi llamado *Il fontanone* gritando que necesitaba –¡ya!– una cerveza fría. Se arrimó a la barra, y comentó con Stefano lo espantoso del ferragosto romano. El camarero respondió: ¿Qué quieres un día de agosto?, malo sería que el termómetro marcara bajo cero. Entonces sí que tendríamos un problema.

Hay mucha sabiduría en no quejarnos de los acontecimientos externos: excesivo calor o frío, o también cosas más serias como la enfermedad, la pobreza o las contrariedades de cada día. Al amparo de esa queja se generan ánimos destemplados y malhumorados que lo único que consiguen son enfados con lo que no tiene solución.

Y si, con el tiempo, viniera la tribulación... soportarla con paciencia es síntoma de buen apóstol, porque con ella se produce, como dice san Pablo, la esperanza (cfr. *Rm* 5, 3).

TRIGÉSIMO DOMINGO. CICLO A

*1. El desastre del Vasa: todo por no tener
un principio de unidad.*
2. Un amor total que abarca todo tu ser.
3. La segunda columna que sostiene toda la revelación.

1. El 10 de agosto de 1628, en una ceremonia solemne a la que habían sido invitados embajadores de todos los grandes estados europeos, era botado en Estocolmo el nuevo buque insignia de la armada sueca, el Vasa. Concebido para mostrar el poderío naval de aquella nación, no existía en ese momento un navío comparable en tamaño, potencia de fuego y lujo. Sin embargo, ante los ojos atónitos de todos los invitados y del propio rey Gustavo II de Suecia, el Vasa apenas recorrido un kilómetro se escoró y se hundió rápidamente. ¿Qué sucedió para que se produjera un fiasco de estas proporciones? Pues, en realidad, algo muy sencillo: en su construcción faltó un principio unificador. Los militares demandaban más cañones, hasta incrementar en tres sus puentes y dejar demasiado bajas las troneras del primero, por donde entraría el agua cuando el barco escoró. El representante del rey solo se preocupó de que los adornos fueran los más ricos y suntuosos, haciendo que el peso de los mismos resultase excesivo. Y los ingenieros, a pesar de advertir de las deficiencias, terminaron por limitarse a cumplir los plazos exigidos. ¿Por qué te cuento eso? Porque es un buen ejemplo de que, en la vida, cuando falta un principio que dé unidad a las cosas, estas suelen terminar mal, ya sea la construcción de un barco, de una casa o –apuntando a las cosas más elevadas– de la propia vida.

En el evangelio de hoy, Jesús, al contestar a la pregunta que le hizo aquel doctor de la ley, te ofrece ese principio que puede dar unidad a tu vida. Porque son muchas las cosas a las que atender: tu relación con Dios, tu carrera profesional, la familia, los amigos, etc. Para evitar que cada una vaya por su lado sin relación con las otras, con el riesgo de que te pudiera suceder como al Vasa, necesitas de un principio que dé unidad, que armonice todas esas facetas de tu existencia y les dé el equilibrio necesario. Y ese principio es doble: amar a Dios y amar al prójimo.

2. Detente en tu oración a considerar este principio fundamental que está llamado a configurar toda tu vida, comenzando por su primera parte, el amor a Dios. Cristo lo formula en el evangelio de la misa de hoy de la siguiente manera: *Amarás al Señor tu Dios con todo tu corazón, con toda tu alma, con toda tu mente* (*Mt* 22, 37). No está el Señor innovando con su respuesta al doctor de la ley, al contrario, lo que hace es remitirse a la *Shemá*, la oración que reza varias veces al día todo israelita piadoso y que aparece recogida en la Escritura en los libros del Deuteronomio y de los Números. La enumeración de corazón, mente y alma ya te señala la naturaleza del amor que reclama este mandamiento: se trata de un amor íntegro, total, que abarca todas las dimensiones de la persona. Piensa si, en efecto, tu amor a Dios es de esta manera, si abarca todas tus facultades y llega hasta el último rincón de tu ser. Empezando, ya que es lo primero que menciona el Señor, por el corazón. Amar a Dios se hace con corazón, no sabemos los humanos amar de otra manera. Por eso piensa si pones corazón, afecto, pasión en tu relación con Dios. Porque hablamos de amor, y el amor, aunque no solo, también es sentimiento y afecto. ¿Tienes afecto por las cosas de Dios? Afecto por los sacramentos, en especial por la Eucaristía, donde se ha quedado presente con toda su humanidad y toda su divinidad para que puedas tratarlo de cerca. Afecto y cariño por quienes Él elige para servir y guiar a la Iglesia, el papa, los obispos, los sacerdotes...

Pero el amor es más que sentimiento y afecto del corazón, por eso el amor a Dios de que te habla Jesús también reclama su lugar en tu voluntad y en tu entendimiento, tal y como se sigue de la mención de alma y mente en la formulación del precepto que venimos considerando. El amor a Dios pide de tu parte el compromiso de tu voluntad en aquello que Dios te presenta como su designio para ti, lo cual incluyen sus mandamientos y la llamada particular que te hace, tu vocación. Si amas a Dios, querrás saber lo que Él quiere de ti para poder corresponder con prontitud. Este es un buen termómetro para medir cómo anda tu amor a Dios. Y, finalmente, este amor del que habla Jesús implica también tu entendimiento: querer conocer más y mejor a Dios Uno y Trino y todo cuanto te ha dado a conocer. ¿Amor a Dios sin interés por saber más de Él? Permíteme que ponga en duda que tenga un sólido fundamento.

3. Pero no podemos terminar sin considerar, aunque sea con brevedad, la segunda parte de la respuesta de Jesús: *Amarás a tu prójimo como a ti mismo* (*Mt* 22, 39). De nuevo, la respuesta del Señor no es original y remite también a la Escritura, en concreto, al Levítico. Lo que sí es novedoso es la manera en que pone en relación ambos preceptos. El Maestro establece una semejanza entre el amor a Dios y el amor al prójimo y declara que ambos sostienen la Ley y los Profetas (cfr. *Mt* 22, 38-40), es decir, todo cuanto un israelita tiene por revelación de Dios.

Tu amor a Dios no puede dejar nunca de lado el amor a los demás. Si amas de verdad a Dios, ¿cómo no amarás a los que ha creado como imagen y semejanza? Y, en sentido contrario: el amor a los demás será más verdadero, recto y puro en la medida en que se inscribe en el amor a Dios y en el reconocimiento de la dignidad de todo hombre en cuanto creado a su imagen y semejanza. Sin esta referencia a Dios y su proyecto para los hombres, el amor a los demás puede muy fácilmente corromperse y volverse egoísta o transformarse en algo vacío como la mera beneficencia. No, Dios no quiere que ames a los demás como el cooperante que reparte ayuda humanitaria, ya es mucho eso, pero es poco para Dios. Él quiere que le ames como un hermano, como a quien comparte tu dignidad y destino, más aún, como a ti mismo.

TRIGÉSIMO DOMINGO. CICLO B

1. Cuando no hay horizontes.
2. Depende de una decisión.
3. Se obró el milagro.

1. Jericó es una de esas ciudades donde Jesús ha pasado derramando la gracia a manos llenas. Allí se encontró con Zaqueo, entró en su vida «hasta la cocina», como suele decirse y en este caso con toda propiedad, porque le invitó a comer a su casa y ese encuentro cambió por completo el rumbo de su existencia.

Aquella jornada, la gente se arremolina a las puertas de la ciudad acompañando a Jesús que se marcha con sus discípulos. Todos se hacen lenguas del Maestro de Nazaret, todos quieren verle y tocarle. Bartimeo, el hijo de Timeo, el ciego, está sentado donde siempre. Su vida se desarrolla en una tediosa monotonía de días que se suceden idénticos unos a otros. No tiene sueños ni esperanzas, su horizonte es muy reducido: sobrevivir cada jornada y esperar que pase la vida hasta que un día le llegue la muerte. Vive de la caridad –escasa– de los demás, expuesto continuamente al frío y al calor. Fuera de la ciudad, sin participar apenas de la vida del pueblo, está enfermo... «algo habrá hecho él o sus padres para estar así», piensan con desdén sus conciudadanos.

Pero ese día es distinto, hay algo que le hace vibrar por dentro. Escucha un alboroto lejano, no le es familiar y pregunta de qué se trata. «Es Jesús, el Maestro de Nazaret. El que hace milagros. Está saliendo ahora de nuestra ciudad», le responden. Y entonces, una fuerza irresistible, quizá sin pensarlo, hizo que sus labios se abrieran y saliera un grito, desde lo más profundo: *Hijo de David, ten compasión de mí* (Mc 10, 49).

«¿No te entran ganas de gritar a ti, que estás también parado a la vera del camino, de ese camino de la vida, que es tan corta; a ti, que te faltan luces; a ti, que necesitas más gracias para decidirte a buscar la santidad? ¿No sientes la urgencia de clamar: Jesús, Hijo de David, ten compasión de mí? ¡Qué hermosa jaculatoria, para que la repitas con frecuencia!

Os aconsejo que meditéis despacio los momentos que preceden al prodigio, con el fin de que conservéis bien grabada en vuestra mente una idea muy clara: ¡qué distintos son, del Corazón misericordioso de Jesús, nuestros pobres corazones! Os servirá siempre, y de modo especial a la hora de la prueba, de la tentación y, también, a la hora de la respuesta generosa en los pequeños quehaceres y en las ocasiones heroicas»[1]. Díselo, haz tuyo este grito: «¡Jesús, Hijo de Dios, apiádate de mí, que soy un pecador!».

---

[1] San Josemaría, *Amigos de Dios,* 195-198. También para lo que sigue.

2. Pero como siempre sucede, cuando alguien quiere acercarse a Dios, comenzar a tomarse un poco más en serio su vida cristiana, o decidirse a un camino de entrega, hay un grupo de personajes alrededor de Bartimeo –también los hay en torno a nosotros– que quieren convencernos de que debemos repensar nuestra decisión.

Te muestran argumentos muy racionales, pero también tocan lo sentimental o afectivo, chantajes emocionales, etc. Quizá con la mejor voluntad –tratemos de salvar al menos su intención– se convierten en cómplices del enemigo que quiere cortar tus alas de santidad y entrega. En un mundo que ha dado la espalda a Dios, que no entiende el valor del matrimonio, de la familia, de la virtud, es normal que no entiendan tu vida y les parezca una locura. Una familia numerosa, una entrega total a Dios en el sacerdocio o en la vida religiosa, un noviazgo limpio, una forma de trabajar que no se pliega a intereses y competiciones inhumanas son tachadas de locuras o radicalismos.

Bartimeo no hace caso e insiste con su grito y obtiene su premio. «Parándose entonces Jesús, le mandó llamar. Y algunos de los mejores que le rodean, se dirigen al ciego: ea, buen ánimo, que te llama. ¡Es la vocación cristiana! Pero no es una sola la llamada de Dios. Considerad, además, que el Señor nos busca en cada instante: levántate –nos indica–, sal de tu poltronería, de tu comodidad, de tus pequeños egoísmos, de tus problemitas sin importancia. Despégate de la tierra, que estás ahí plano, chato, informe. Adquiere altura, peso y volumen y visión sobrenatural.

(...) No olvides que, para llegar hasta Cristo, se precisa el sacrificio; tirar todo lo que estorbe: manta, macuto, cantimplora. Tú has de proceder igualmente en esta contienda para la gloria de Dios, en esta lucha de amor y de paz, con la que tratamos de extender el reinado de Cristo. Por servir a la Iglesia, al Romano Pontífice y a las almas, debes estar dispuesto a renunciar a todo lo que sobre; a quedarte sin esa manta, que es abrigo en las noches crudas; sin esos recuerdos amados de la familia; sin el refrigerio del agua. Lección de fe, lección de amor. Porque hay que amar a Cristo *así*».

3. *¿Qué quieres que te haga?* La pregunta de Jesús no puede ser más directa, no se anda con rodeos. *Rabunni, que recobre la vista*, responde el ciego. Y se obra el milagro. Y ¿qué hace el ciego con su recién estrenada vista? Seguir a Jesús por el camino. Haz tú lo mismo. Porque a ti también te ha hecho ver el Señor. Te ha hecho ver un horizonte de vida junto a Él, un camino concreto –tu vocación–. A lo mejor, todavía no del todo, y solo conoces parte de ese camino y no sabes cómo se termina de concretar. Pues empieza a caminar y verás más y mejor…

Aquí tienes la finalidad de todo encuentro con Jesús: seguirle, compartir el camino con Él. Sin seguimiento de Cristo, sin que tu vida se parezca cada día más a la suya, no hay posibilidad de contarse entre sus discípulos. La vida de Bartimeo cambió radicalmente, la tuya también puede cambiar si te fías de Dios; si haces oídos sordos a los que quieren ahogar tus deseos de grandeza y de cambiar las cosas; si pones de tu parte y te abres a la acción de Dios.

TRIGÉSIMO DOMINGO. CICLO C

***1.** El grito del creyente que sufre es signo de confianza.*
***2.** Dios desprecia la arrogancia.*
***3.** El ejemplo de san Pablo.*

1. Las lecturas de este domingo nos vuelven a hablar de la oración. La primera lectura, del libro del Eclesiástico, canta las maravillas de la justicia divina. El Señor es un juez justo que atiende a cada persona rectamente, pero en especial a los débiles, a los que sufren: *no desdeña la súplica del huérfano, ni a la viuda cuando se desahoga en su lamento* (*Si* 35, 14). Dios es compasivo con quien experimenta dolor, tiene entrañas de misericordia: *¿no corren por sus mejillas las lágrimas de la viuda y su clamor contra el que las provocó?* (*Si* 35, 15).

Tiene todo el sentido acudir a Dios nuestro Padre en toda ocasión, pero en especial en el apuro, en la prueba. La Escritura nos enseña que Dios escucha la oración del que sufre, atiende a su grito. No temas alzar la mirada a Dios y gritar interiormente en tu angustia. El grito del creyente, cuyo ejemplo acabado se nos da en el grito de los profetas clamando a Dios por Israel que se ha extraviado, no es un grito al vacío del que desespera ante el horror que contempla o experimenta. Al contrario, es un grito que se dirige a un Tú, a alguien más grande, con la certeza de que será escuchado. Esta es la distancia que va del famoso grito de Münch, que ha sabido plasmar como nadie la angustia de ese grito desesperado, y el grito creyente de los profetas. El primero es un monólogo trágico, el segundo, un auténtico diálogo de esperanza.

En el apuro, en el dolor y la angustia vuélvete a Dios y clama en tu interior. Únete al grito de los profetas y de los santos, es grito cargado de confianza, y déjale tu sufrimiento a Dios. Confíaselo a Él y Él será tu descanso.

2. El evangelio de hoy nos presenta la parábola del fariseo y el publicano. Jesús, nos informa san Lucas, la dice *a algunos que confiaban en sí mismos por considerarse justos y despreciaban a los demás* (*Lc* 18, 9). Quiere advertirnos de este modo contra el peligro de la arrogancia. Detengámonos en lo que dice el fariseo para intentar comprender algo más en qué consiste esta tentación.

El fariseo, según narra la parábola, está en el templo erguido, casi mirando de frente a Dios –como se haría con un igual–. Se presenta sin grandes culpas en su conciencia, según él mismo declara, y con el cumplimiento realizado del ayuno y el diezmo que estipula la ley. Todo esto que presenta es irreprochable; nada hay de malo en cumplir con los ayunos y con el diezmo, al contrario, son obras que hechas de corazón agradan a Dios. Entonces, ¿cuál es el problema? El problema es que todo eso lo presenta a Dios con vanidad. Como el que hace gala de sus títulos, el fariseo expone lo que considera son sus conquistas personales. La vanidad le hace arrogante y se presenta como justo, despreciando al publicano. En realidad, su oración no agradece a Dios haber recibido de Él muchos beneficios, ni tampoco le pide nada, porque en el fondo vive como si no lo necesitara. Su oración se ha vuelto un monólogo que Dios no escucha. Su arrogancia impide que su oración sea verdaderamente tal y que alcance al cielo.

Por eso guárdate de este pecado. Es un arma sutil y poderosa del enemigo. Ataca «a posteriori» del cumplimiento de obras buenas o de la realización de actos de piedad. Te lleva a apoyarte en esas obras y actos como si fueran solo fruto de tu esfuerzo y no de la gracia de Dios.

En contraste con el fariseo, la parábola nos presenta al publicano en la parte trasera del templo, *no se atrevía ni a levantar los ojos al cielo, sino que se golpeaba el pecho diciendo: ¡Oh Dios!, ten compasión de este pecador* (*Lc* 18, 13). Su oración es escuchada porque es hecha con humildad. No tendrá una colección tan reluciente de buenas obras y actos de piedad como el fariseo, pero tiene algo más importante para dirigirse a Dios: sabe que no es digno de ser escuchado, pero aun así invoca a Dios apoyado en una fe humilde.

Si la arrogancia cierra para nuestra oración las puertas del cielo, la humildad es auténtica llave para que tu plegaria pueda franquearlas. Lo dice el Eclesiástico: *la oración del humilde atraviesa las nubes, y no se detiene hasta que alcanza su destino* (*Si* 35, 16).

3. Para profundizar en el riesgo de la arrogancia y en cómo evitarla, nos puede ayudar la segunda lectura de la misa, de la segunda carta de san Pablo a Timoteo. En ella, el apóstol Pablo dice de sí mismo: *he combatido el noble combate, he acabado la carrera, he conservado la fe. Por lo demás me está reservada la corona de la justicia que el Señor, juez justo, me dará en aquel día; y no solo a mí, sino también a todos los que hayan aguardado con* *amor su manifestación* (*2 T* 4, 7-8). San Pablo presenta ante Timoteo los frutos de sus obras y se muestra seguro de haber alcanzado el favor de Dios. ¿No habrá también algo de arrogancia en sus palabras como en el caso del fariseo de la parábola?

Es verdad que Pablo saca a relucir la gloria de lo alcanzado, pero hay algo que diferencia sus palabras de las del fariseo y que lo alejan por completo de la arrogancia. Pablo experimenta una auténtica alegría por la salvación, por la salud de su alma, y la proclama como agradecimiento y tributo a Dios. El fariseo manifiesta su arrogancia en que, más que disfrutar por la propia salud y las buenas obras que ha hecho, se goza en no ser como el publicano, despreciándolo y señalando sus miserias, como si su contento naciera del mal ajeno. Pablo, por contra, se alegra en compartir la corona con los que también han guardado el amor de Dios. Esta es una buena manera de distinguir la arrogancia: siempre lleva a compararse y señalar el mal del otro. No lo olvides, te será de gran ayuda.

TRIGÉSIMA SEMANA. LUNES

1. El Sábado es para liberar del pecado.
2. Otro tipo de encorvamiento peor que el físico.
3. Para no acabar abochornado.

1. Jesús estaba un sábado enseñando en una sinagoga, algo que debía tener costumbre de hacer. El sábado es, para los judíos, el día consagrado a Dios y por eso no era día de trabajo. Había allí una mujer *que desde hacía dieciocho años estaba enferma por causa de un espíritu, y estaba encorvada, sin poderse enderezar de ningún modo* (*Lc* 13, 11). ¿Puedes imaginar su sufrimiento? Dieciocho años sin poder enderezarse, dieciocho años mirando hacia el suelo. Padeciendo todo tipo de incomodidades y dolores, sin poder tan siquiera descansar bien. Un dolor que Lucas comprende bien, no en vano él es médico y ha tratado cotidianamente con el sufrimiento humano. Por eso es el evangelista que más detalles nos da de las curaciones de Jesús, debió de quedar admirado e impresionado por la sensibilidad de Cristo ante el dolor y por la gracia que recibían los que quedaban sanos. Comprender el dolor de los demás es un don que Lucas tenía, como nuestro Señor, que enseguida entra en sintonía con el que sufre porque conoce el dolor hasta el fondo.

Y ese fondo es, en último término, el pecado. También es así en la enfermedad de la mujer del evangelio; su manifestación más evidente era el encorvamiento que padecía, pero su origen estaba en lo espiritual. Era un espíritu inmundo la causa de su sufrimiento.

Jesús, al ver a aquella mujer, inmediatamente la llama y la libera de su enfermedad imponiéndole las manos. Entonces se enderezó. Para esto ha venido Cristo al mundo, para liberar a los hombres de las ataduras del pecado. Y entonces aquella mujer *glorificaba a Dios* (*Lc* 13, 13). ¿No era el sábado para glorificar a Dios? Eso hace aquella mujer, no ya por los pasados beneficios de Dios a su pueblo, sino por la salvación ya presente en Cristo y manifestada en su recobrada salud. El sábado encuentra su pleno cumplimiento en la liberación del mal y del pecado.

2. Pero aquella mujer no era la única que estaba encorvada en la sinagoga. Había otros que sin mostrar la manifestación física de esa enfermedad padecían un encorvamiento peor, el de su alma. ¿No tiene encorvada el alma el que se indigna porque Jesús ha curado en sábado? Y además, *se puso a decir a la gente: Hay seis días para trabajar; venid, pues, a que os curen en esos días y no en sábado* (*Lc* 13, 14).

Efectivamente, en el jefe de la sinagoga encuentras el ejemplo de un alma encorvada. Inclinada hacia el suelo, hacia lo terreno, solo preocupada por preceptos humanos. Incapaz de alzar la mirada al cielo para ver las cosas de Dios. Por eso, imposibilitada para reconocer la gracia derramada por Jesús sobre aquella mujer. Una gracia que es el reino de Dios despuntando, irrumpiendo en la historia de los hombres. Aquel hombre vive encorvado siendo celoso guardián de unos preceptos de Dios que no alcanza a comprender y cuyo sentido verdadero traiciona al no ver en Jesucristo su pleno cumplimiento.

Es enfermedad terrible. Siempre mirando a la tierra, siempre a las cosas mundanas, siempre al suelo y a lo bajo. Pídele a Dios que te libre de ese espíritu encorvador, de esa enfermedad del alma que impide mirar al cielo, para así saber reconocer la gracia y el poder de Dios obrando sus maravillas entre los hombres.

3. Jesús reacciona enérgicamente a las palabras que el jefe de la sinagoga dirige a la gente: *hipócritas, cualquiera de vosotros, ¿no desata en sábado su buey o su burro del pesebre, y los lleva a abrevar? Y a esta que es hija de Abraham, y que satanás ha tenido atada dieciocho años, ¿no era necesario soltarla de tal ligadura en día de sábado?* (*Lc* 13, 15-16). Quizá la fuerza –incluso violencia– de las palabras de Jesús esté motivada por la cobardía del jefe de la sinagoga, que, en lugar de dirigirse a Jesús, que es quien ha curado en sábado, lo hace a la gente, probablemente por miedo a Jesús. Es propio de los cobardes y mezquinos: ser fuertes con los débiles o débiles con los fuertes. Nada más lejos de como trata Jesús a pequeños y a poderosos. Algo en lo que hemos de pensar. Porque es claro que a Jesús no le gusta en absoluto.

Pero es probable que la indignación de Jesús y la dureza de sus palabras no vengan únicamente del rechazo al modo de actuar del jefe de la sinagoga. También proceden del hecho que denuncia: ellos, los guardianes del sábado, tratan mejor a sus animales, sin importarles realizar tareas en su favor, que a aquella mujer. Te suena esto último. También hoy asistimos con frecuencia a quien confunde no el precepto del sábado, como sucede en el evangelio de hoy, sino el de cuidar y custodiar la creación. Y del mismo modo que era una perversión enorme anteponer a sus bueyes y burros a aquella hija de Abraham, es una perversión no menor que aquella situar cualquier vida animal al nivel, mucho más si fuera por encima, de la vida humana. Es síntoma de idolatría. En el primer caso, de idolatría a unos preceptos dados por el mismo Dios pero vividos al margen de Dios. En el segundo caso, de idolatría hacia la creación vista de forma separada y aislada de su Creador.

Aquellos, con el jefe de la sinagoga, quedaron abochornados por las palabras de Jesús. No es para menos. Por otra parte, si lo piensas un momento, ninguna otra cosa les puede ser de ayuda. Quizá ese bochorno, esa humillación, sea el principio de su conversión, el inicio de su «enderezarse» hacia Dios. Desde luego es lo que busca el Señor con su proceder. Él no es vengativo, ni actúa con ánimo de revancha. Busca que rectifiquen, que se conviertan y vivan. Pídele a Jesús que el ejemplo de este jefe de la sinagoga, mejor dicho, que su contraejemplo, te ayude a evitar el encorvamiento del alma que impide mirar al cielo.

TRIGÉSIMA SEMANA. MARTES

1. El pequeño grano de mostaza es Cristo mismo.
2. ¡También yo quiero ser pequeño!
3. La infancia espiritual.

1. ¿A qué se refiere Jesús cuando habla del pequeño grano de mostaza? Es probable (y fructífero el solo hecho de pensarlo) que haya tantas interpretaciones como personas, porque Dios reserva algo particular de su divina palabra para cada una de sus almas. Por eso es importante orar; orar cada día consciente de que Dios, en su sabiduría infinita, nos dará a cada momento la palabra que considere adecuada para el progreso de nuestra vida.

Jesús, en el fondo, habla de sí mismo. La semilla es un símbolo de su propia humildad. El Verbo de Dios se ha sembrado entre los hijos de los hombres. Dios, verdaderamente perfecto y todo amor, tres Personas (Padre, Hijo y Espíritu Santo), tomó carne en el seno de María y se hizo hombre. Dios es humilde: por amor vino a parar aquí, a la tierra de los hombres, donde hay hambre y frío, sed y sufrimientos, para que nunca podamos siquiera pensar que Dios no nos entiende. Ha pasado por lo mismo que tú: ha sufrido tanto como el más sufriente de los hombres. El Verbo se ha hecho carne.

Aún más: la pequeña semilla de mostaza es Cristo crucificado, Dios ajusticiado, la muerte del justo. ¡Reza!; sí, reza en silencio al Señor crucificado; dile que lamentas verle ahí, hecho un guiñapo, desnudo a la vista de todos. Grita que quieres cubrirle con tu pureza, limpiarlo con tus lágrimas sinceras, besarlo con los labios de tu boca.

Míralo ahí, es Cristo en el madero, semilla que se mete en tierra para morir asfixiada y brotar hermosamente. ¡Mira a tu Dios crucificado! ¿Acaso no es inmensa la misericordia de Dios? ¡Qué dura es la cerviz de los humanos! Pequeño corazón el nuestro, tantas veces incapaz de compadecerse ante tanta gracia.

El reino de los cielos se parece a un pequeño grano de mostaza...

2. Hay una extraordinaria belleza en reconocer, convéncete ya, la propia pequeñez. ¡También yo quiero ser un pequeño grano de mostaza! ¡Cuánto tiempo perdido en aparentar ser grande, en figurar más que los demás, en emplear todos los esfuerzos en que mi opinión sea más válida y que prevalezca sobre la de los demás! Como dice el profeta Isaías: gastar todo el dinero, emplear todos nuestros ahorros... en lo que no da alimento ni hartura; en lo que cansa y no da satisfacción.

Lo más grande, lo más bonito de la vida de los hombres... es lo pequeño. Contaba un sacerdote que, estando en la India, celebró Misa muy de madrugada a unas religiosas junto con el Obispo y otros invitados. A la hora del desayuno se descubrió el extraordinario lujo de un huevo frito en el plato de cada uno de los cuatro comensales. Por desgracia (o por fortuna), ninguno de los otros tres podían tomar el huevo, de modo que don Leo se comió los cuatro movido por el deseo de evitar un disgusto a las hermanas que con tanto cariño habían preparado tan suculento manjar. La cosa no debió pasar desapercibida a la hermana sacristana puesto que, a la mañana siguiente después de la Misa, don Leo –esta vez solo– encontró en su mesa de desayuno café, pan y... ¡cuatro huevos fritos!

Años después, celebró Misa para la misma congregación en Varsovia. Con sorpresa descubrió de nuevo sobre su plato que aparecían cuatro huevos fritos... la superiora había estado en la India mucho tiempo atrás, y aún recordaba los gustos de un sacerdote al que conoció hacía tantos años[1].

Una conciencia capaz de conocer los gustos de los demás y agradar en las cosas más minúsculas es, sencillamente, un alma grande. Para conseguirla: amor en las cosas pequeñas.

El amor se mide por la capacidad de tener detalles: con Dios, con la Virgen y con los demás. Poner amor en la cocina, dulzura en el modo de hablar, gusto en cómo escribimos, delicadeza en el cuidado material de las cosas.

No se trata solo de amar lo pequeño, sino de amar con la sencillez del pequeño (del niño) que habla también de la capacidad de sorprenderse. El amor conoce las necesidades del otro (incluso las ocultas o inconfesables) y se adelanta. Cuántas veces lo has dicho o lo

---

[1] Cfr. L. MAASBURG, *La Madre Teresa de Calcuta*, Madrid 2012, 87.

has oído: «Él tiene la capacidad de ilusionarme. Lo hace todo nuevo. Con él, todo es fácil».

La promesa es preciosa: al que quiera hacerse pequeño, yo lo haré crecer y llegará a ser un arbusto muy hermoso donde los pájaros anidarán con gusto.

Sobre el árbol de la Cruz anidan todos los hijos de Dios... ¿y sobre el árbol de tu entrega? ¿Sostienes a otros con tu cariño y tu dedicación?

3. Hay pocos caminos más eficaces para hacerse pequeño que la infancia espiritual. Niños: eso somos delante de Dios. Niños pequeños, que nada pueden; que lloran ante los fracasos y se estremecen ante las dificultades. ¡Qué orgullosos caminan los pequeños de la mano de sus padres, seguros de que con ellos nada les pasará! Los niños son felices, lejos de las preocupaciones de los mayores. Los niños están alegres, sencillamente porque confían.

El niño tiene muestras de amor que el adulto considera pasadas o bien ya no tolera: si viéramos a un adulto tratar a su mujer o a su madre como un niño de tres años (lanzando un besito, llorando por una caída o agarrándose a las faldas ante un imprevisto), pensaríamos que se ha vuelto loco.

En el trato con Dios y con la Virgen, por el contrario, este camino de la infancia espiritual es un camino maravilloso, un camino... ¡de locos! Quizá nuestra cabeza nos diga que no, que eso parece demasiado poco o pueril; pero el corazón, si es sincero, dictará el camino como adecuado: dar un beso a un cuadro de la Virgen, coger la talla del niño Jesús y colocarla muy cerca del corazón cantándole palabras de amor, tomar el crucifijo y estrujarlo con fuerza en las manos antes de besarlo con devoción... Merece la pena comportarse como un niño y comerse a besos una estampa de María, porque se trata de una meta muy superior: confiar absolutamente en Él, como un bebé en brazos de su madre.

Una piedad excesivamente formal... termina siendo fría. Como en los amores humanos, la ternura es necesaria, el cariño, indispensable. A Dios le agrada vernos así: confiados, pequeños. ¡Soy demasiado pequeño!; si lo piensas, ten certeza de que vas bien...

Toma hoy la determinación de conducirte así delante de tu Señor: con afecto de hijo, con ternura de infante. Incorpora a tu vida gestos muy concretos que califiquen con obras tu infancia espiritual.

TRIGÉSIMA SEMANA. MIÉRCOLES

1. El que pregunta se examina.
2. Las condiciones para entrar por la puerta de la salvación.
3. Últimos y primeros.

1. Recuerdo una ocasión, antes de entrar en la universidad, cuando estaba finalizando el colegio, en que un compañero hizo una pregunta muy desacertada en clase de matemáticas, que provocó la risa de algunos de clase y la mirada severa del profesor sobre el autor de la pregunta. Tras un breve silencio se dispuso el profesor a continuar la explicación, pero el alumno insistió con su pregunta. Entonces el profesor se giró hacia él y le dijo: «el que pregunta se examina, y usted acaba de suspender con un cero, mejor guarde silencio y tape las vergüenzas que acaba de descubrirnos».

Hay mucha verdad en la respuesta de aquel profesor. Una pregunta revela mucho de quien la hace, de su intención, conocimientos, perspicacia... Hoy en el evangelio, un hombre asalta a Jesús que va de camino a Jerusalén para preguntarle: *Señor, ¿son pocos los que se salvan?* (*Lc* 13, 23). La respuesta de Jesús parece querer eludir la pregunta o, mejor, reconducirla hacia algo que sí sea de provecho. Porque aquella pregunta parece más fruto de una curiosidad que no es sana que de un deseo sincero por la salvación. Si son muchos o pocos los salvados no adelanta en nada lo fundamental, que es si podemos salvarnos y cómo. Precisamente a eso se dirige la respuesta de Jesús. Pero antes de considerarla, no pases tan rápido sobre la pregunta fallida de aquel hombre; también de ella puedes aprender.

Hacer preguntas es todo un arte que requiere inteligencia y aprendizaje. De hacer las preguntas adecuadas depende en buena medida alcanzar el éxito en una investigación científica, porque cuando las preguntas son torpes, la respuesta difícilmente será brillante. Pasa algo semejante en la vida interior. Si te cuestionas solo cosas de poca entidad o de miras estrechas, qué difícil le pones a Dios ofrecerte una respuesta que te eleve y ayude. Aun así, dale gracias a Dios porque, a pesar de nuestra torpeza, consigue en muchas ocasiones, como en el evangelio, ofrecernos más de lo que habíamos pedido con nuestra demanda.

2. *Esforzaos en entrar por la puerta estrecha* (*Lc* 13, 24). Así comienza Jesús su respuesta, superando ampliamente el horizonte de la pregunta. A la simple curiosidad –en realidad, inútil– de la cuestión que le plantean, Jesús contesta ofreciendo una clave esencial para alcanzar la salvación, algo del todo útil para quien le quiera escuchar.

Para empezar, queda claro en la respuesta de Jesús que alcanzar la salvación requiere de nuestro esfuerzo. Aunque es Dios el autor principal de la salvación, no la realizará sin el concurso de nuestra voluntad, que ha de querer esforzarse en corresponder con la iniciativa divina. Este esfuerzo por nuestra parte es indispensable para franquear una puerta que, como dice el Señor, es estrecha.

Este es un rasgo propio de la puerta de la salvación: es estrecha, y lo es más todavía en contraste con la puerta ancha que lleva a la condenación (cfr. *Mt* 7, 13). Porque el camino de la salvación es camino de virtud, que conlleva alejarse de los vicios y las comodidades del mundo, frente al cual la vida relajada y hedonista constituye una auténtica autopista. ¡Qué fácil es dejarse llevar por las pasiones y los placeres! Mucho más difícil seguir el camino que conduce a la virtud, a cualquier virtud. La estrechez no tiene que ver con que sean pocos los llamados a pasar por ella, al contrario, Jesús asegura que *vendrán de oriente y occidente, del norte y del sur, y se sentarán a la mesa en el reino de Dios* (*Lc* 13, 29). Todos pueden entrar en la vida eterna, la llamada a la salvación que hace Jesucristo es universal, es para todos. Pero, para todos, la puerta es estrecha, también para ti, porque requiere esfuerzo y lucha.

3. Hay otra cosa que Jesús quiere dejar claro en el evangelio de hoy: al cielo no se entra por supuestos privilegios adquiridos o por lo que coloquialmente llamamos «enchufe». Esos *primeros que serán últimos* son precisamente los que se piensan en la élite de los elegidos, los que viven su relación con Dios en clave de privilegio. Por eso no bastará con invocar presuntos méritos o supuesta amistad, como hacen aquellos del evangelio que intentan entrar y no pueden cuando dicen: *hemos comido y bebido contigo, y tú has enseñado en nuestras plazas* (*Lc* 13, 26). Solo la auténtica amistad con Jesucristo da paso a compartir con Él la vida eterna. Y esa amistad verdadera se manifiesta en el modo de vivir. No son las palabras, sino las obras de la gracia en nosotros las que valen para contarse entre los amigos de Jesús.

Los últimos que serán primeros nos enseñan que la verdadera vida en Cristo se vive en lo escondido, sin estridencias. Que las formas exteriores sin una vida interior vibrante no sirven de nada. Por eso cuida tu plan de vida espiritual. Pon el corazón en cada acto de piedad, en cada esfuerzo por portarte cada día más como discípulo fiel del maestro. En la fidelidad de las pequeñas cosas, de las luchas silenciosas que solo conoce Él y tu confesor. Ahí es donde se labra la auténtica amistad con Cristo.

Solo una última cosa para tu consideración. No te olvides que en las letanías del rosario invocamos a Santa María como *Puerta del cielo*. Ella es camino seguro al banquete de su Hijo. Para pasar por la puerta estrecha del evangelio, no dudes que tu mejor compañía es ella.

TRIGÉSIMA SEMANA. JUEVES

1. Los zorros que rodean a Jesús.
2. Tomar las armas de Dios para mantenerse firme.
3. Aprender de Jesús, también, a lamentarse.

1. Justo después de las palabras de Jesús sobre la puerta estrecha, nos dice san Lucas que *se acercaron unos fariseos a decirle: «Sal y marcha de aquí porque Herodes quiere matarte»* (*Lc* 13, 31). ¿A qué viene esta repentina preocupación de los fariseos por la vida de Jesús? ¿Por qué le advierten de los planes homicidas que trama Herodes contra Él? Atiende al momento en que le hacen esta advertencia: inmediatamente después de la exhortación que Jesús hace al pueblo allí congregado para que se conviertan y se esfuercen en entrar por la puerta estrecha de la salvación. Es posible que los fariseos vieran los rostros de los que escuchaban a Jesús y que atisbaran cómo en su interior se encendía la llama de la fe y el deseo de seguir al maestro. Alarmados, ven que un poco más de la palabra de Jesús, algún otro signo y muchos le seguirán... y ellos perderán su posición y su autoridad ante la gente. Por eso quieren que se marche cuanto antes, no porque les preocupe la vida del Señor, sino porque les preocupa conservar su posición. Pero a la vez no quieren enemistarse públicamente con Jesús, por eso recurren a la treta de advertirle de los planes de Herodes.

El Señor, como siempre, da pruebas de su fina inteligencia y hace uso de la ironía, respondiendo a la vez a Herodes y a aquellos fariseos, pues lo que dice a Herodes, en realidad, se lo dice a ellos. Por eso el calificativo de *zorro* que adjudica a Herodes es también para ellos. Jesús, el cordero inmaculado, está rodeado de zorros que planean su fin abiertamente, como Herodes, o que aguardan la ocasión para quitarle de en medio sin exponerse a ningún peligro, como aquellos fariseos. Si Cristo envía a los suyos como ovejas en medio de lobos (cfr. *Mt* 10, 6), es porque Él mismo vive así su misión, rodeado de alimañas que buscan matarlo. Él va siempre por delante de ti y de sus demás discípulos enseñándote, primeramente, con su ejemplo.

2. *Id y decid a ese zorro: «Mira, yo arrojo demonios y realizo curaciones hoy y mañana y al tercer día mi obra quedará consumada»* (*Lc* 13, 32). Son palabras para Herodes, pero en realidad dirigidas a sus interlocutores fariseos. ¿Qué quiere decirles Jesús con eso? Precisamente que no renunciará a ir a Jerusalén, de donde ellos le quieren apartar. Eso significa su alusión a los signos mesiánicos que realiza *hoy y mañana*, es decir, cada día que está entre ellos, hasta que se consume la intervención gloriosa y definitiva de Dios en su pasión, muerte y resurrección, que sucederá *al tercer día*. Obviamente, la respuesta no debió de gustar nada a los fariseos que allí se encontraban.

Jesús tiene voluntad firme de ir a Jerusalén y cumplir allí la voluntad del Padre. No va solo, el Espíritu de Dios le guía y acompaña, como en el desierto cuando fue llevado allí para ser tentado (cfr. *Mt* 4, 1). Cristo se dirige al combate definitivo con el pecado pertrechado de las obras del Mesías y guiado por el Espíritu. También en esto nos ofrece un ejemplo a seguir. Por eso, san Pablo exhorta: *tomad las armas de Dios para poder resistir en el día malo y manteneros firmes después de haber superado todas las pruebas* (*Ef* 6, 13).

Al combate no debemos ir solos ni desarmados. En esas condiciones somos presa fácil del enemigo que es, también –y más aún que los del evangelio–, zorro, y zorro viejo. Por eso ten astucia tú también y toma esas armas que Dios pone a tu disposición y que son la oración, la mortificación y los sacramentos. Pero sobre todo recurre al Señor mismo porque Él es tu fortaleza. No combatas solo, no vayas desarmado, cuenta siempre con Dios y empuña con destreza las armas de la luz.

3. El final del evangelio termina con un cierto sabor amargo por el lamento de Jesús: *¡Jerusalén, Jerusalén, que matas a los profetas y apedreas a los que se te envían! Cuántas veces he querido reunir a tus hijos, como la gallina reúne a sus polluelos bajo las alas, y no habéis querido* (*Lc* 13, 34). Estremece el dolor expresado por el Señor en estas palabras, más, si cabe, por la ternura que muestra hacia Jerusalén y sus hijos, es decir, por Israel entero. El lamento de Jesús nace de la desgarradora constatación de que, por más que intenta que su pueblo le acepte como el enviado de Dios, está siendo rechazado una y otra vez. Por más signos y prodigios que hace, por más que su enseñanza es como espada incisiva, le dan la espalda. Es lamento de enamorado que se duele en la falta de correspondencia al amor limpio y gratuito que les ofrece.

Pero el lamento de Jesús no está cargado de pesimismo ni de amargura, como con frecuencia sucede en el lamento. Tampoco es lamentación que paraliza su acción, algo también habitual. Su lamento no impide que siga adelante, que anuncie el día en que dirán: *¡Bendito el que viene en nombre del Señor!* (*Lc* 13, 35). Él sigue su camino a Jerusalén, con el dolor en el corazón, pero más decidido, si cabe, a cumplir la voluntad del Padre y ofrecer su vida por todos, también por la de quienes hoy le rechazan.

Verdaderamente en tu vida encontrarás cosas por las que lamentarte, no es malo hacerlo, pero también a lamentarse hay que aprender, porque, si no, puede llevarete a la tristeza y a desistir de lo importante. Por eso aprende del lamento de Jesús. El suyo es una forma de resistencia al mal, de combate con el pecado. Y, también, expresión de amor que se compadece. Así, tu lamento no se dejará llevar por el pesimismo o la amargura, ni tampoco te paralizará, sino que te unirá más al corazón abierto de Cristo, compartiendo con Él un poco del peso de la cruz.

TRIGÉSIMA SEMANA. VIERNES

1. La parálisis es dolernos de aquello que debería alegrarnos.

2. De la soberbia a la envidia, pasando por la vanagloria.

3. Las hijas de la envidia: la murmuración, la complacencia en el mal y el odio.

1. La hipocresía de los fariseos frente a la hidropesía del enfermo. Jesús hace todo lo posible. Más interés tenía Cristo en convertir a los fariseos que en curar al enfermo. Al menos eso piensa san Juan Crisóstomo. Lo hace llamar, le pone en medio, pregunta a los maestros de la ley. *Ellos se quedaron callados*. Jesús lo intenta de nuevo. Lo cura. Pone un ejemplo. Y se quedaron sin respuesta. ¡Qué parálisis del corazón! ¡Qué conciencia tan anquilosada!, ¿cómo podían ser incapaces de compadecerse del enfermo y entusiasmarse por el milagro?

Eran envidiosos. En esta meditación vamos a ver la genealogía de la envidia: quiénes son sus padres y cuáles son sus hijos. Pero esto será más adelante. Ahora conviene que nos detengamos en el hecho del pecado mismo.

La envidia no es solo el malestar causado por el bien del prójimo. Por ejemplo, si el equipo rival ficha al mejor jugador del mundo, y se demuestra que es un crack marcando goles como churros, es normal que me siente mal.

El ejemplo es un poco simple, pero sirve para entender que en muchas ocasiones no somos envidiosos, sino naturales. San Gregorio Magno lo explica mucho mejor, y da otra vuelta de tuerca. Sentirse mal por el crecimiento del malvado puede ser recto, porque significa que se alza la injusticia y caen los buenos. Y al contrario. Escuchémosle a él mismo: «Sucede con frecuencia que, sin perder la caridad, nos alegra la ruina de nuestros enemigos, y sin culpa de envidia nos contrista su gloria; cuando con su caída creemos que otros se elevan justamente y por su elevación tememos que otros sean oprimidos injustamente».

La envidia propiamente es dolerse de aquello que debería regocijarnos. Por ejemplo, el éxito de un hermano. Las buenas notas de una amiga. El triunfo de otra parroquia. En el caso del evangelio de hoy, la curación del hidrópico.

Momento de hacer silencio, custodiar la presencia de Dios y apretarme un poco las tuercas. ¿Cómo ando yo con respecto a este vicio capital?

2. La envidia, aunque es madre de algunos pecados que luego detallaremos, es nieta predilecta del pecado más fundamental: la soberbia. La persona orgullosa piensa sinceramente que está por encima de los demás. No reconoce sus virtudes como recibidas de Dios. Se atribuye a sí mismo los éxitos. Con dificultad acepta el fracaso. Culpa a los demás con demasiada facilidad, y acaba por despreciarlos por inútiles. El soberbio sufre cada vez más, porque se hace día a día más y más complejo, hasta el punto de distorsionar la realidad conforme a su particular y peculiar punto de vista. Después de todo, aspira a tener siempre razón. Para conseguirlo, lucha cuanto sea necesario.

En consecuencia, el soberbio suele vivir de la vanagloria. No le importa la gloria de Dios, sino todo lo que pueda revertir en beneficio propio. Es amante del éxito; mejor dicho, es su mendigo. Si no lo tiene, se frustra: ya sea a pequeña escala siendo el delegado de clase o el empleado del mes, ya sea a nivel mundial siendo la estrellita del equipo o la «top model» del momento. Dirá que está triste, porque vive por y para la gloria propia. Eso es la vanagloria.

Se comprende perfectamente que la envidia sea la primera consecuencia de este modo de vivir. Cuando se vive de esta manera y otros alcanzan más fama o éxito que tú, es frustrante. Muy frustrante. Tantos esfuerzos para que llegue ese otro y... La envidia. Lo que debería gozarme, me arruina. Mientras la envidia sea sobre personas de un espacio vital alejado de mi entorno habitual, la cosa tiene un pase. Pero sus garras se hunden en el seno de mi propia familia, de mis propios amigos. La antigua Roma fue testigo de múltiples homicidios en el seno de las propias familias. Por envidia. Por intriga. *Tu quoque, Brutus fili mi.*

Cualquiera puede ser víctima de la envidia, si no combate el creciente de la vanagloria y la soberbia. Es tan solo cuestión de tiempo. Estate atento. Examínate. Y toma determinaciones.

3. La envidia no sabe estarse quieta. En el evangelio de hoy no aparece, pero sí en su paralelo de Marcos. Los fariseos salieron escaldados del encuentro con Jesús, y se fueron corriendo a ver a los herodianos. Se odiaban... hasta este momento. Ese día decidieron dar muerte a Jesús. Se unieron con el propósito del pecado. Sucede a veces...

El primer fruto de la envidia es la murmuración. Así como fariseos y herodianos comenzarían por hablar muy mal de Jesús –terrible blasfemia–, así nosotros dejamos que se deslicen por nuestra boca palabras de afrenta contra el envidiado. Encima que nada hizo, lo rematamos. O acabamos con la envidia, o la envidia acabará con nosotros. Un camino para no hacer ninguna de las dos cosas es la calumnia y la difamación: ni dejamos de envidiar, ni nos carcomemos por dentro. Por un momento, descansamos. Pero pronto el monstruo de la envidia vuelve a tener más hambre. Desea más crítica. O mejor, da un paso hacia adelante.

El segundo pecado que sigue a la envidia y murmuración es la alegría en la adversidad del bueno; o la tristeza en su alegría. Esto también es un pecado; una falta del corazón que habla de todo menos de pureza.

Una vez así desviada nuestra intención, el alma humana ya se encuentra en disposición para odiar. Este es el tercer y último fruto de la envidia. Después de la murmuración y la complacencia en el mal ajeno, el odio. Tal es la repulsa del envidiado que se pasa de la pasión a la acción. Se comienza a desear hacerle algún mal, y la inteligencia empieza a urdir sus planes. Como los fariseos contra Jesús. Como los Herodianos. Envidiaron a Jesús. Murmuraron. Y terminaron por odiarle, maquinando finalmente su propia muerte.

Todos los pecados son feos. Estos, muy especialmente. Jesús, aléjanos de tanta podredumbre. Enséñanos la pureza de tu corazón y la alegría del humilde.

TRIGÉSIMA SEMANA. SÁBADO

1. Sin confianza no hay nada que hacer.
2. La pureza y la piedad, si van de la mano de la soberbia,
no valen nade ante Dios.
3. Ir contracorriente.

1. Me contó un buen amigo la manera que tenían muchos padres en los pueblos de la comarca donde nació para enseñar a sus hijos de quién debían fiarse. No sé si será cierto del todo lo que me refirió, o si hay algo en la historia de su talante propenso a la exageración. Según me dijo, había cierta costumbre de dar una lección sobre la confianza a los hijos varones cuando estos ya tenían uso de razón. Llegado ese momento, el padre tomaba a su hijo y le subía a lo alto del armario más grande que hubiera en la casa. Después se situaba en frente y le animaba a que se lanzase a sus brazos. El chiquillo solía resistirse y el padre debía insistir en que confiase en él, que era su padre y le cogería sin que cayera al suelo. Finalmente, el niño hacía caso y saltaba. En ese instante el padre daba un paso a un lado apartándose, de modo que el niño se estampaba contra el suelo.

Finalmente, el padre le decía: «Lo has entendido, no te fíes ni de tu padre».

Cierta o no, la lección sobre la confianza de aquel lugar es terrible, no ya por el desarrollo de la misma, sino, sobre todo, por su conclusión. Porque sin fiarnos de nadie no podemos llegar lejos en nada. Estaríamos condenados al aislamiento. Sin confianza en otros no hay manera de vivir humanamente; tampoco espiritualmente. La confianza es fundamental. Por eso hoy el evangelio de la misa empieza, de entrada, mal: *Un sábado, entró Él en casa de uno de los principales fariseos para comer y ellos lo estaban espiando* (*Lc* 14, 1). Es imposible que su trato con Jesús, por más cercano que fuera –hasta comen con Él–, les sea de provecho a los fariseos si no confían en Él. Y es evidente que estar espiándole, pendientes de todo para ver si encuentran algo que echarle en cara, es una actitud en las antípodas de la confianza. Busca tener esa confianza en Dios; es algo que se cultiva, que se cuida, por ejemplo, haciendo a diario actos de esperanza y abandono en las manos de Dios.

2. Los fariseos con los que come Jesús son exhaustivos cumplidores de la ley y de todos los preceptos judíos. Son la élite religiosa, los puros. Y no hay por qué dudar de que vivieran esa pureza de manera excelente. Pero las virtudes deben ir armónicamente unidas. Cada una de ellas por separado no sirven para hacer verdaderamente a una persona virtuosa. Parece que en aquellos hombres se cumple lo que dijo el Arzobispo de París sobre las monjas de la Abadía de Port Royal, monasterio marcado por el rigorismo jansenista: «son puras como ángeles y soberbias como demonios».

Jesús, con sus palabras sobre lo que se ha de hacer en un banquete al que se asiste como invitado en lo referente al lugar que ocupar, no pretende dar una lección de buenas maneras o de protocolo. Sino que pone de manifiesto la contradicción en que viven esos fariseos, que por cumplir todos esos preceptos ya se consideran dignos del mejor de los puestos. Y es precisamente su soberbia la que les hace merecedores de bajar al último lugar. San Agustín lo explica de manera sublime, refiriéndolo a la virtud de la castidad –pero se puede aplicar también a otras, como la piedad–. Dice el santo de Hipona: «La castidad conduce, sin duda, a un lugar más destacado, pero quien se exalta será humillado. ¿Por qué buscas con ansias de destacar el lugar más elevado, que podrías alcanzar sencillamente si te mantuvieses en humildad? Si te elevas, Dios te abate; si tú te abates, Dios te eleva»[1].

La humildad es el único camino para llegar a Dios y que nuestras obras sean gratas a sus ojos. Ya puedes atesorar las virtudes que quieras, o acumular actos heroicos en el terreno que sea, si al final te domina la soberbia, no te serán de provecho. Porque precisamente el camino de la humildad ha sido el que ha seguido Cristo. Él ha tomado el último lugar, el de la cruz, y porque se ha humillado hasta el extremo, ha sido enaltecido en la resurrección. Cristo nos muestra así el único camino posible, el de los últimos, que serán primeros por la fuerza y el poder de Dios.

---

[1] SAN AGUSTÍN, *Sermón* 354, 8.

3. *Todo el que se enaltece será humillado; y el que se humilla será enaltecido* (*Lc* 14, 11). La conclusión del evangelio de hoy no puede ser más rotunda. Y por eso no puede sino chocar frontalmente con la mentalidad del mundo de todas las épocas, también de la nuestra. El humilde, el que no pisa a los que tiene al lado para destacar, sino que confía en que sea a otro a quien, si lo merece, se le ensalce, es despreciado en la sociedad tan competitiva en que vivimos. Como pasa con frecuencia, el camino del Evangelio va contracorriente.

Recibes muchos mensajes que te proponen modelos de vida basados en la vanidad, el orgullo, la arrogancia, el éxito a toda costa por encima de los demás… Frente a eso tienes también el camino que te propone Jesús: la humildad para alcanzar el verdadero triunfo. Has de elegir, y has de hacerlo cada día. Fiarte del mundo o fiarte de Jesús y pasar por un perdedor que renuncia al aparente éxito a la espera de que sea Dios quien te eleve hasta el cielo cuando te halle maduro para él. No tengas miedo a ser considerado diferente, a ser señalado o criticado, también lo fue el Señor. Tú confía en Él y de la mano de María sigue el camino de la humildad, es el que lleva más alto, al cielo.

TRIGESIMOPRIMER DOMINGO. CICLO A

1. *Haced lo que dicen, no lo que hacen.*

2. *Cómo encajar el escándalo de algunos hombres y mujeres de Dios.*

3. *Un terreno resbaladizo por el que fácilmente se cae.*

1. El evangelio de la misa de hoy recoge unas duras palabras de Jesús contra los escribas y los fariseos, dichas a la gente y a sus discípulos para prevenirles sobre ellos. Advierte Jesús con fuerza extraordinaria: *En la cátedra de Moisés se han sentado los escribas y los fariseos: haced y cumplid todo lo que os digan; pero no hagáis lo que ellos hacen, porque ellos dicen pero no hacen* (Mt 23, 2-3). Las palabras de Jesús, en contra de lo que te podría parecer a primera vista, no representan, en realidad, una novedad. Ya en la Escritura aparecen abundantes quejas de Dios contra aquellos cuya misión es enseñar la Ley y orientar al pueblo en su cumplimiento. Sin ir más lejos, la primera lectura de hoy recoge unas serias acusaciones del profeta Malaquías contra sacerdotes del Señor: *Os habéis separado del camino recto y habéis hecho que muchos tropiecen en la ley, invalidando la alianza de Leví,* *dice el Señor del universo. Pues yo también os voy a hacer despreciables y viles para todo el pueblo, ya que vuestra boca no ha guardado el camino recto y habéis sido parciales en la aplicación de la ley* (Ml 2, 8-9).

Mientras que el profeta anuncia sobre ellos un castigo divino por su iniquidad, Jesús prefiere dirigir a la multitud y a los suyos una advertencia práctica, es decir, les aconseja qué deben hacer ellos al respecto. Y lo que Jesús les dice es que acepten su doctrina, lo que les enseñan cuando ejercen su función de maestros de la ley, pero que se aparten de seguir el ejemplo –o mejor dicho, el mal ejemplo– de sus vidas. Este mismo consejo te lo puedes aplicar cuando descubras en algún sacerdote o en alguna persona consagrada a Dios algo que desdice de su condición y de su misión. En lugar de hacer grandes aspavientos y poner en tela de juicio todo cuanto digan o hagan, recuerda las palabras de Jesús y piensa en tu interior las cosas con calma.

2. ¿Y no sería más sencillo directamente prescindir de escribas y fariseos y de cuanto representan? ¿Por qué Jesús parece contemporizar con lo que dice? Si son así de retorcidos, ¿no es mejor quitarlos de en medio? No nos pasemos de frenada –permíteme la expresión–. Que haya habido en la historia, y los siga habiendo en el presente, ministros de Dios indignos a causa de su conducta, no significa que podamos de un plumazo concluir en la generalización de que todos son indignos y sería mejor que desapareciesen. Además, la historia también te enseña que esa manera de razonar ha sido el camino de falsas reformas de la Iglesia que terminan por romper la familia de los hijos de Dios y perder los tesoros de la salvación a ella confiados. Y tampoco olvides que son muchos más los sacerdotes y religiosos que con su entrega generosa cumplen en la tierra el encargo divino en beneficio de todos los hombres. Ellos encarnan perfectamente las palabras de la primera carta del apóstol san Pablo a los Tesalonicenses: *Os queríamos tanto que deseábamos entregaros no solo el Evangelio de Dios, sino hasta nuestras propias personas, porque os habíais ganado nuestro amor* (*1 Ts* 2, 8). Pídele a Dios que todos sus ministros tengan este mismo corazón de Pablo y estos mismos deseos.

No, a tenor de las palabras de Jesús, no has sido nombrado juez de los sacerdotes y consagrados a Dios, conviene por ello que tal juicio lo dejes para aquel a quien sí le corresponde. Conviene que sea de esta manera. Y, aunque el mandato de Jesús debería bastar para que lo hagamos así, hay razones que te pueden ayudar a entenderlo y guardarlo. Primeramente, no olvides que, con independencia de lo recto o torcido de su conducta, los sacerdotes lo son, no por mérito propio, sino por elección de Dios. Que esto te ayude a buscar en los sacerdotes, no su propia persona, su ingenio o inteligencia, sino lo que les hace sacerdotes: el don de Dios. Como señala Malaquías: *La boca del sacerdote atesora conocimiento, y a él se va en busca de instrucción, pues es mensajero del Señor del universo* (*Ml* 2, 7).

La segunda razón que te invito a considerar no es tanto sobrenatural, sino de sentido común; un autor anónimo de la Iglesia primitiva la ha expresado magistralmente: «También la tierra vil produce oro precioso. ¿Acaso se desprecia el oro precioso por la tierra vil? No. De la misma forma que se selecciona el oro y se deja la tierra, también vosotros tomad la doctrina y dejad la conducta»[1].

3. No ofrece Jesús más razón del comportamiento de los fariseos y de los escribas que aquello que hoy podríamos llamar postureo: *Todo lo que hacen es para que los vea la gente: alargan las filacterias y agrandan las orlas del manto; les gustan los primeros puestos en los banquetes y los asientos de honor en las sinagogas; que les hagan reverencias en las plazas y que la gente los llame «rabbí»* (*Mt* 23, 5-7). No vamos a entrar en si hay más motivos de reproche o razones que expliquen cómo han llegado a ese punto, seguramente hay de ambas cosas. Con esta falta de rectitud de intención en lo que hacen y del deseo de figurar y quedar bien nos basta por hoy. Un deseo de aparentar y presumir que es plenamente actual –en realidad lo ha sido siempre–. Piensa si no puedes con facilidad reconocer en otras personas, y probablemente en ti mismo también, conductas semejantes a las que reprocha Jesús a escribas y fariseos.

Tu lucha contra la vanidad y el deseo de quedar bien y figurar no terminará nunca, es cosa de cada día. No conviene que descuides largas temporadas este punto en tu examen de conciencia, pues se trata de un terreno muy resbaladizo en el que un pequeño desliz puede llevar muy lejos y muy abajo. Y los efectos inmediatos en tu alma cuando eso sucede ya los conoces: tristeza y pérdida de libertad.

---

[1] Anónimo, *Obra incompleta sobre el Evangelio de Mateo,* 43.

TRIGESIMOPRIMER DOMINGO. CICLO B

1. ¿Cómo te gustaría morir?
2. Trasladarse a ese momento.
3. La muerte como principio.

1. Tarde o temprano, entre amigos, que es donde todo se habla, el tema acaba por aparecer, muchas veces precedido de una pregunta como esta o semejante: a ti, ¿cómo te gustaría morir?

Voces acaloradas discuten sobre la mejor de las muertes. Todos coinciden en que el dolor ha de ser evitado por todos los medios. A nadie le gusta retorcerse de dolor. El punto de disenso suele aparecer en relación con los modos: unos opinan que un tiempo para ser consciente de que se va a morir es ideal para dejar todas las cosas en orden; otros, por el contrario, están persuadidos de que lo mejor es una cosa rápida, incolora e insípida, sin transición y en la más absoluta inconsciencia.

Es posible que detenerse en estos pormenores sea hablar por hablar. Pero no dejes de decirle a Dios que te gustaría morir en gracia y en las hermosísimas manos de tu madre Santa María. «Si eres apóstol», decía san Josemaría, «la muerte será para ti una buena amiga que te facilita el camino»[1]; porque, si eres verdaderamente apóstol, habrás hecho del Señor tu fortaleza, como dice el Salmo Responsorial de la misa de hoy. Dios es nuestro refugio, Dios es nuestra fuerza: vivir por amor a Él, quererle y buscarle siempre, todo el rato, en todo momento.

Saber, Jesús, que estás conmigo: sentir tu afecto y experimentar tu cariño. Quiero caminar por la vida cumpliendo tus mandamientos... ¡quiero agradarte en todo y encontrarte en cada instante! Por eso, la muerte no me asusta, aun cuando bien sabes, Amor mío, la tristeza que me ocasiona pensar que, si hoy me llamas a Ti –tan pobrecico soy–, echaré de menos a tantos a los que tanto quiero.

2. La espiritualidad cristiana ha invitado a los hombres de todos los tiempos a trasladarse al momento de la propia muerte como ejercicio de meditación. Puede sonar duro, pero es, sin duda, lo más real de nuestra vida, el encuentro inevitable.

La consideración de la propia muerte ayuda a darnos cuenta de quiénes somos verdaderamente. Pregúntate: «¿Qué pieza del mundo se desquiciará si yo falto, si muero?»[2]. Es indudable que hay personas más imprescindibles que otras –un padre, una madre–, pero es igualmente cierto que el mundo seguirá girando aún cuando nosotros no estemos.

Además, pensar en las consecuencias de la muerte también nos hace ver correctamente la realidad de nuestro cuerpo que, en muchas ocasiones, cuidamos con un

---

[1] *Camino*, 735.

[2] *Camino*, 740.

esmero e idolatramos con un amor que raya –o va más allá– de lo pecaminoso. El cuerpo cambia con el paso de los años, y esta inevitable realidad no tiene que ser motivo de tristeza, sino de alegre aceptación de uno mismo.

Finalmente, pensar en el momento de la muerte es uno de los mejores modos de descubrir la voluntad de Dios en nuestra vida. Cuando una persona duda sobre su vocación y tiene vida interior (o sea, reza todos los días), es bueno que piense con sinceridad cómo le gustaría verse en el momento de su muerte: si padre y abuelo de una familia cristiana, o más bien sacerdote, o religioso, o... A veces es difícil dar el paso de entregar la vida para el servicio de Dios, pero viendo lo fecunda que puede ser una vida entregada, el alma se llena de gracia para el ofrecimiento entero de sí misma.

Considera por tu cuenta unos minutos tu propia muerte, y pide luces al Señor para ver qué quiere de ti en esta vida, y a qué quiere que dediques tus mejores energías.

3. Los epitafios romanos (las inscripciones de las tumbas) son bien curiosos: está escrito el nombre del sujeto junto con los días, las horas y los minutos que vivió. Tal era la conciencia del pagano: esta vida es la única, y hay que exprimirla hasta el final. La única posibilidad de participar de una cierta inmortalidad era la gloria del éxito, especialmente por la literatura. Los grandes poetas serían siempre recordados, del mismo modo que sus poemas mantendrían viva la memoria de los héroes de la nación, y esa perpetuidad en la memoria de los hombres era la única eternidad admitida por los antiguos sin Dios.

«La fe cristiana», decía Unamuno, «nació de la fe de que Jesús no permaneció muerto, sino que Dios le resucitó y que esta resurrección era un hecho: pero esto no suponía una mera inmortalidad del alma, al modo filosófico... Y puede, a partir de esto, afirmarse que quien no crea en esa resurrección carnal de Cristo podrá ser filócristo, pero no específicamente cristiano»[3].

Los santos son los verdaderos cristianos, aquellos que han llegado a identificarse con Cristo. Así, la mística de Ávila, movida por su deseo de encontrarse con aquel a quien había consagrado su vida, oraba: «Yo quiero ver a Dios y para verlo es necesario morir»[4]. Los cristianos no morimos, sino que entramos a la Vida[5]; y por eso, «A los "otros", la muerte les para y sobrecoge. —A nosotros, la muerte –la Vida– nos anima y nos impulsa.

Para ellos es el fin: para nosotros, el principio»[6].

---

[3] M. Unamuno, *Del sentimiento trágico de la vida*, México 1990, 35.

[4] Santa Teresa de Jesús, *Poesía*, 7.

[5] Cfr. Santa Teresa del Niño Jesús, *Lettre 9 junio 1987*.

[6] *Camino*, 738.

TRIGESIMOPRIMER DOMINGO. CICLO C

1. Un rayo de esperanza y una lucha interior.
2. Conviene que Él esté hoy en tu casa.
3. Un nuevo comienzo.

1. El evangelio de hoy domingo nos presenta a Jesús entrando en Jericó, justo después de curar a un ciego que estaba sentado al borde del camino, provocando así la admiración del pueblo que rompe en alabanzas a Dios por ello (cfr. *Lc* 18, 35-43). Ahora entra a la ciudad para curar no a un ciego físico, sino a uno espiritual, que por sus culpas no podía ver la salvación ni, por tanto, el camino recto para su vida.

Zaqueo –nos dice san Lucas– *era jefe de publicanos y rico, trataba de ver quién era Jesús, pero no lo lograba a causa del gentío, porque era de pequeña estatura* (*Lc* 19, 2-3). Conviene que te hagas cargo de quién es este personaje. Los publicanos eran judíos que colaboraban con los romanos recaudando para ellos los impuestos que debían pagar los israelitas a Roma. Por ello eran considerados pecadores públicos, pues cooperaban con el invasor en contra del pueblo de Dios. Además, su ganancia la obtenían cobrando de más por medio de intimidaciones y chantajes, lo cual les hacía aún más despreciables a los ojos de todos. Pues bien, Zaqueo era el jefe de los publicanos de la zona. Hombre rico, cuya riqueza procedía de los abusos en la recaudación, y amante del dinero, al que había entregado sus fatigas, deseos y, en definitiva, su vida. Sin embargo, algo se enciende en su interior: quiere ver quién es Jesús. A lo mejor, al principio es solo simple curiosidad por el alboroto causado por la curación del ciego, o a lo mejor es ya algo más... Y, en su interior, barrunta si no podría también curarle a él. Como de un rayo de sol que rompe la oscuridad aparece en su alma, con sorpresa para él mismo, la esperanza de algo nuevo.

Trata de verlo, pero su escasa estatura se lo impide. Esta poquedad de estatura quizá alude también a lo bajo que le han llevado sus pecados. No puede ver a Jesús, físicamente por bajito, pero lo más importante, espiritualmente no puede por la bajeza de sus pecados que tiran de él para perseverar en su maldad. En su interior se libra esta batalla –también, a veces, en ti se da la misma contienda–: el deseo despertado en su corazón por acercarse a Jesús frente a la resistencia de sus pecados a dar cualquier paso en ese sentido.

2. La lucha interior está servida. El intento del enemigo por sofocar la luz que ha prendido en el alma de Zaqueo le hará sacar, si es preciso, todo su arsenal de tretas y ardides. Primero le susurrará que es una tontería todo ello; le presentará los lujos, los placeres que posee y la amenaza que es Jesús para ellos. Si todo eso falla, le dirá que ya es tarde para él. Pero si aun así Zaqueo está decidido, el enemigo, a la desesperada, buscará que su deseo de ver a Jesús sea derrotado por la vergüenza de quedar en ridículo. Si ya la gente lo desprecia, si Jesús le da la espalda, o le reprueba en público, como sabe que ha hecho con tantos otros, no quiere ni imaginar las burlas a que será sometido.

Pero, finalmente, Zaqueo vence en esta lucha, y su deseo de ver a Jesús se impone a las tentaciones del enemigo. Por eso corre, se sube a un sicómoro y espera porque Jesús ha de pasar por allí (cfr. *Lc* 19, 4). Ya no le importan los respetos humanos: que le miren, cuchicheen y le señalen; tampoco se preocupa de si cae o resulta ridícula su estampa subido a ese árbol. Solo importa ver a Jesús que va a pasar por allí. ¡Qué gran deseo el de este hombre por encontrarse con Jesús! Ojalá lo tengamos tú y yo cada día, y vayamos, sin importarnos nada más, al encuentro de Cristo en la eucaristía.

Por fin llega Jesús hasta allí, le mira y le dice: *Zaqueo, date prisa y baja porque es necesario que me quede hoy en tu casa* (*Lc* 19, 5). Lo primero, la mirada de Jesús, que se cruza con la de Zaqueo. Un instante, y un torrente de emociones y pensamientos encontrados sacuden al otras veces altivo jefe de publicanos. Y enseguida, las palabras de Jesús. Primero, su nombre, Zaqueo, pronunciado con cariño por el Maestro, y seguramente escuchado por el publicano, por primera vez en mucho tiempo, sin desprecio o temor en quien lo dice. Y después, la urgencia, hoy debe ir a su casa. Es preciso que la luz encendida en el alma de Zaqueo llegue a cumplir lo que anuncia, que el deseo de ver a Jesús culmine en la unión con Él.

También hoy conviene que Jesús vaya a tu casa –es decir, a tu alma–, ¿cómo le vas a recibir?

3. Fíjate en lo que sucede cuando Zaqueo recibe al Señor en su casa. Primero, el publicano declara: *Mira, Señor, la mitad de mis bienes se la doy a los pobres; y si he defraudado a alguno, le restituyo cuatro veces más* (*Lc* 19, 8). El encuentro con Jesús, tenerle con uno, lleva siempre a la conversión. Zaqueo propone, sin que nadie le tenga que decir nada, un cambio de dirección en su vida. De la avaricia y sus esfuerzos por acumular riqueza, al deseo generoso de compartir lo que tiene y reparar el daño hecho a otros. Ha descubierto una nueva riqueza, mayor que la que tenía, y arde en deseo de compartirla.

Después, una declaración de Jesús: *Hoy ha sido la salvación de esta casa, pues también este es hijo de Abrahán. Porque el Hijo del hombre ha venido a buscar y salvar lo que estaba perdido* (*Lc* 19, 9-10). A la conversión sigue la salvación otorgada por Cristo y la restitución en la comunión con Dios y con el pueblo. ¡Qué alegría en el corazón de Zaqueo al escuchar estas palabras de Jesús! La misma alegría que experimentas cuando escuchas las palabras de la absolución del sacerdote en la confesión. Y ¡qué alegría para el corazón de Jesús y para el cielo! Para esto ha venido Cristo, para *buscar y salvar lo que estaba perdido.* Porque no es Zaqueo el que ha salido en primer lugar a buscar a Jesús, sino que Él –como hace contigo– ha salido antes y le ha llamado misteriosamente por medio de esa luz en su alma. Cristo atrae hacia sí, te atrae hacia Él, déjate llevar hasta la fuente de la salvación y recibe de ella, como Zaqueo, la riqueza que solo Dios puede dar.

TRIGESIMOPRIMERA SEMANA. LUNES

1. El amor es siempre interesado.

*2. Dar sin esperar nada a cambio, o esperando
lo que sí se puede esperar.*

3. La recompensa que sí hay que buscar.

1. Explicaba con gran vehemencia un profesor de teo-
logía moral que me dio clase hace ya algunos años que
eso del amor desinteresado era una solemne tontería.
Que el desinterés es lo contrario del amor y, por eso, un
amor sin interés es un amor que no es tal o que, si lo
fue alguna vez, ya se extinguió. Verdaderamente, para
el que ha conocido el amor sabe que este es cualquier
cosa menos desinterés hacia lo que se ama. El chico o la
chica que se enamora experimenta en primer lugar, con
asombro incluso, un repentino interés por la persona
querida y por sus gustos, aficiones, etc. O, en el sentido
contrario, unos esposos que no tienen el menor interés
el uno por el otro manifiestan con ello que su amor se
ha enfriado y corre el riesgo de morir. Por eso, en este
sentido, hay que decir que el amor no puede ser nunca
desinteresado... gracias a Dios, porque de lo contrario
se extinguiría de nuestros corazones.

Pero si por amor desinteresado entendemos, no que carece de interés por lo amado, sino que, precisamente, no mira por sí mismo, sino por la persona amada, entonces estaríamos en la línea de comprender la generosidad a la que te llama Jesús en el evangelio. Porque la clave de un amor generoso no es el desinterés, sino el interés por los demás, el interés por aquello que se ama.

¿Quieres saber si hay generosidad en tu amor? Piensa si quieres el bien de la persona que amas. Esto sirve para todos, sea cual sea la vocación y el estado de vida de cada uno. Amas con generosidad a tu esposo o esposa si eres capaz de querer a la vez el bien para él o ella, y no tu propio disfrute, comodidad o lo que sea. Tu amor de padre o madre es generoso si quieres a tu hijo y el bien para él, aunque a veces ese bien te haga sufrir, te cueste o suponga distanciamiento o renuncia. Tu amor filial hacia tus padres será altruista si busca, no lo que puede sacar en propio beneficio, sino el bienestar de quienes te han dado todo. Piensa desde tu situación concreta y busca que tu amor sea cada vez más generoso y más interesado en el bien de los demás.

2. El amor se caracteriza, si es auténtico, por su generosidad, porque lleva al don de sí mismo. Jesús nos enseña en el evangelio de hoy que un don auténtico no se ofrece para obtener otra cosa a cambio. *Cuando des una comida o una cena, no invites a tus amigos, ni a tus hermanos, ni a tus parientes, ni a los vecinos ricos; porque corresponderán invitándote, y quedarás pagado* (*Lc* 14, 12). El *do ut des* –te doy para que me des– no es la dinámica auténtica del don que va aparejado al amor verdadero. Ese doy para que me des es la dinámica del mercado, de quien compra y vende, del que intercambia unos bienes por otros según su interés. Es propia de la economía, por ejemplo, pero no del amor.

En el amor no se da para recibir algo equivalente, sino que el don nace de la plenitud del amor. Así nos lo enseña Dios mismo, que se ha dado al mundo como salvador por amor. Das, te das, porque el amor te empuja a ello. Entonces, ¿no hay que esperar nada a cambio? Nada que signifique que se ha pasado de la auténtica dinámica del don a la dinámica económica del doy para que me des, pero hay algo que sí hay que esperar; es más, algo que es imprescindible. El don requiere correspondencia, ha de ser recibido.

A veces se ha dibujado –por influencias románticas– el amor más elevado como el no correspondido. Se dice que al no ser correspondido es el más noble pues carece de alguna de sus satisfacciones. De nuevo, aquel profesor de moral te diría que es una bobada que deforma lo que es el amor y lo cierra sobre sí mismo, con el consiguiente peligro de derivar en narcisismo. El amor se orienta a la unión con el amado, y sin correspondencia está todavía incompleto. Por eso cuando te das a los demás, cuando te das a los que más quieres, no esperes nada a cambio, salvo la correspondencia en ese amor que te une a ellos.

3. Aun así, sí hay una recompensa que es lícito esperar por nuestra entrega, la recompensa que da Dios. Es esa recompensa que *te pagarán en la resurrección de los justos* (*Lc* 14, 14). Por eso, cuando veas que te cuesta renunciar a intereses tuyos mundanos, alza la mirada al cielo y piensa en la recompensa prometida por el Padre del cielo. Pensar en el cielo y en sus bienes es un acicate para vivir las cosas de la tierra apuntando a esos bienes del cielo.

El Señor es buen pagador, no regatea contigo buscando escamotear lo que te pertenece, es más, te da hasta lo que por merecimientos tuyos no podrías alcanzar nunca: la filiación divina. Tampoco se retrasa, como hacen muchos –también grandes empresas–. Él es puntual y más que generoso en recompensar tu entrega hacia los que te rodean, en especial, para los pobres y necesitados. No tiene medida. Nadie le gana en generosidad.

TRIGESIMOPRIMERA SEMANA. MARTES

1. Al reino de Dios se accede por invitación.

2. No valen las excusas.

3. Dios no desespera de nosotros.

1. El evangelio de la misa de hoy comienza con la exclamación pronunciada por uno de los comensales que comparte mesa con el Señor en la casa de aquel fariseo que lo había invitado: *¡Bienaventurado el que coma en el reino de Dios!* (*Lc* 14, 15). Una bienaventuranza que apunta a lo más importante: bendito aquel que participe de la salvación de Dios, pues a esto se refiere la imagen del banquete celeste. Por eso, Jesús aprovecha esta sentencia de aquel otro invitado para ilustrar a los presentes acerca de ese banquete del que, sin duda, todos desean gozar.

Comienza Jesús la parábola: *Un hombre daba un gran banquete y convidó a mucha gente; a la hora del banquete mandó a su criado a avisar a los convidados: «Venid, que ya está preparado»* (*Lc* 14, 16-17). La parábola del banquete comienza con lo que parece una obviedad: en todo banquete hay un anfitrión que convida a los invitados; así sucede, por ejemplo, en las bodas. Sin embargo, no conviene pasar por alto esta cuestión, pues nos dice el modo de acceder a ese banquete divino. La salvación, significada en ese banquete, es ofrecida gratuitamente por Dios que nos invita a participar de ella. Y, como señala el Papa Francisco, «la gratuidad implica también consecuencias, la primera de las cuales es que, si no se ha sido invitado, no se puede reaccionar sencillamente respondiendo: «Compraré la entrada parar ir». En efecto, para entrar no se puede pagar: o eres invitado o no puedes entrar. (…) Somos invitados gratuitamente, por pura gracia de Dios, por puro amor del Padre. Fue Jesús, con su sangre, quien nos abrió esta posibilidad»[1]. Dale gracias a Dios, que ha dispuesto invitarte a su banquete y abrirte las puertas de la vida. Si no fuera así, nada habría que pudieras hacer para participar de su reino, ni todo el oro del mundo ni todos los sacrificios que pudieras ofrecer, nada podría alcanzártelo. El reino de Dios no está en venta, no puede comprarse, tan solo se puede acceder por invitación, la que generosamente te hace el Señor, ¿la aceptarás?

2. La pregunta con que terminábamos el primer punto de nuestra meditación, a primera vista, te podría parecer también una obviedad: ¿cómo no aceptar tal invitación?, ¿quién rechazaría participar de la salvación? Sin embargo, a tenor de lo que sucede en la parábola, no es en absoluto obvio que la invitación de Dios sea aceptada. Probablemente, nadie haría un rechazo directo y

---

[1] Papa Francisco, *Meditación* en la Domus Sanctae Marthae del 5-11-2013.

formal de la invitación divina, pero hay muchas maneras de declinar la invitación; en la parábola aparecen tres. Uno de los invitados se excusa diciendo que tiene que ir a ver el campo que ha comprado; otro dice que ha de probar sus nuevas yuntas de bueyes; y un tercero aduce que se acaba de casar y que, por tanto, no puede acudir.

Un modo de rechazar la invitación de Dios es, sencillamente, ocuparnos en otras cosas. Cuando no dejamos espacio para Él, cuando llenamos el corazón con las cosas de la tierra, cerramos el paso a las del cielo. A lo mejor hoy no es un campo y una yunta de bueyes, pero puede que una manera de entender el trabajo y la carrera profesional, cerrada en sí misma, que busca el éxito por encima de todo y a cualquier precio. Es lo que te lleve a dar la espalda al Señor; piénsalo delante de Él.

A veces consideramos que son las circunstancias las que nos impiden responder con prontitud a Jesús cuando nos llama y, como el que aduce que no puede ir porque se acaba de casar, nos decimos que no podemos corresponderle a causa de nuestras obligaciones personales. Mientras que al del campo y los bueyes, imagino que el Señor les llamaría a dejar aquello para recibir algo mucho mayor; al que se acaba de casar me gusta pensar que Jesús sencillamente le diría: «De acuerdo, vente con tu mujer». Tu situación personal, padre o madre de familia, hijo o hija con o sin hermanos con los que ayudar en casa, con novio o novia a quien dedicar buena parte de tu tiempo, sea la que fuere, llévala a Jesús. No la conviertas en excusa para una vida de piedad menos intensa, al contrario, hazla parte esencial de tu trato con Dios que conoce tus circunstancias y ha pensado para ti un lugar en su reino.

3. Llama poderosamente la atención en esta parábola la insistencia de aquel hombre de la parábola –que representa en ella a Dios– y su empeño por llevar adelante el banquete. Ante la primera serie de negativas de los convidados, dice a su criado que vaya a las plazas y las calles a invitar a todos, con especial mención de cojos y lisiados (cfr. *Lc* 14, 21). Y cuando, tras cumplir con aquella orden, el criado le dice que aún hay sitio en la sala, aquel hombre le contesta: *Sal por los caminos y senderos, e insísteles hasta que entren y se llene mi casa* (*Lc* 14, 23). Hay un verdadero interés por parte del anfitrión en que el banquete se celebre y en que participen en él cuantos más, mejor. Pues bien, tal es la voluntad divina respecto de la salvación. Dios está empeñado en darnos vida, en darnos su vida. No se cansa de insistirnos, de buscarnos donde haga falta y cuantas veces sea necesario. Ojalá te llene esto de admiración y de gratitud. Y te lleve a tomarte algo de ese interés divino por la salvación, la tuya y la de aquellos que tienes más cerca. Porque el ejemplo del banquete también nos enseña que la salvación no es individual; como no se celebra una fiesta a solas, tampoco Dios compartirá contigo su vida a solas, sino que lo hará en común con todos los santos. Por ello apúrate para tomar en serio no solo tu propia salvación, tu invitación al reino, sino también la de los demás, en especial, la de aquellos que tienes más cerca.

TRIGESIMOPRIMERA SEMANA. MIÉRCOLES

***1.** Quemar las naves.*

***2.** No mantener otras opciones abiertas.*

***3.** El temor a quedarse a medias.*

1. Cuenta la historia que Hernán Cortés, en un momento muy delicado de su empresa por la conquista del Méjico azteca a causa de la voluntad de muchos de sus hombres de volverse atrás y huir, tomó una decisión sorprendente. El conquistador español ordenó hundir la mayor parte de sus barcos, aquellos con los que habían llegado desde la actual Cuba, para evitar así cualquier posibilidad de retirada, de manera que a sus hombres no les quedara otra opción que seguir adelante en la conquista. De este episodio viene la expresión «quemar las naves» que expresa la actitud de aquel que, ante una situación difícil, decide apostarlo todo por la consecución de su meta, comprometiéndose de tal manera que ya no puede dar marcha atrás. Pues bien, hoy Jesús en el evangelio de la misa parece decirte que quemes tus naves, ¿qué significan de otro modo estas palabras del

Señor? *Todo aquel entre vosotros que no renuncia a todos sus bienes no puede ser discípulo mío* (*Lc* 14, 33).

No pienses este mandato de Jesús en términos económicos o materiales, es quizá la tentación que tenemos por vivir en un mundo tan materialista como el nuestro. Fíjate en que Jesús no hace referencia a bienes materiales, sino que aquello que ha de dejar atrás quien desee ser su discípulo es algo de otra naturaleza: *Si alguno viene a mí y no pospone a su padre y a su madre, a su mujer y a sus hijos, a sus hermanos y a sus hermanas, e incluso a sí mismo, no puede ser discípulo mío* (*Lc* 14, 26). Esos bienes que hay que dejar resultan ser algo más profundo, apuntan al centro de las relaciones personales y del corazón. Quien desee seguir a Jesús ha de ponerle en el centro de su afecto como objeto supremo de su amor y, en ese sentido, posponer todo lo demás. En el fondo, no es sino la concreción del primer mandato de la ley: amar a Dios sobre toda criatura, un amor que pasa para ti y para mí por la persona de Cristo.

2. El sentido de las palabras de Jesús es, por tanto, espiritual y –también por ello– más radical y arduo para nosotros, que queremos estar junto a Él como discípulos queridos. Porque lo que Cristo nos pide es que lo apostemos todo por Él, que fiemos cuanto somos y tenemos a seguirle con fidelidad. Y esto es algo que da vértigo, pues confronta tu libertad humana con la capacidad de tu voluntad de tomar decisiones irrevocables. Opciones en las que no puede tenerse un plan B como si hubiera posibilidad de vuelta atrás. Sucede con el matrimonio o la vocación de entrega a Dios en el sacerdocio, la vida religiosa o el celibato apostólico, no cabe al abrazar cualquiera de ellas dejar una puerta abierta a otra cosa.

¿Qué autenticidad tendría el amor y el deseo de entrega de un novio que, ante su enlace ya próximo, baraja sus posibilidades de acción si la cosa no es como espera? Si en estos casos parece obvio, ¿cómo no va a suceder igual con la más radical de las vocaciones que es la de ser hijos de Dios?

Quemar las naves, posponer cualquier otro afecto o relación a la que nos une a Cristo, significa apostarlo todo por Jesús, fiarte solo en Él y de Él, no dejar otras opciones abiertas. Y es claro que hoy esto es algo contracultural y, por ello, especialmente costoso. Porque vivimos acostumbrados a hacer lo contrario, a mantener siempre que se pueda el mayor número de opciones abiertas para poder cambiar en el momento que nos convenga. Un modo de actuar que abarca desde lo más trivial, como puede ser elegir un plan de ocio con amigos –¡qué difícil es a veces que te digan simplemente «¡sí!»–, hasta las cosas más importantes, como la propia carrera profesional. Pídele a Dios vencer esa resistencia a lo irrevocable, a lo que no tiene marcha atrás, y quema tus naves por Jesús, seguirle es el camino a la gloria.

3. Aunque en nuestra oración de hoy venimos considerando esta necesidad de apostarlo todo por el evangelio sin mirar atrás, quemando las naves; sin embargo no deja de ser justo considerar si tal opción podrá ser llevada hasta el final. El mismo Cristo nos pide que lo hagamos para que la decisión de dejar todo por Él no sea algo irracional, fruto solo del afecto, sino que se tenga un apoyo firme. Por eso, dice: *¿Quién de vosotros, si quiere construir una torre, no se sienta primero a calcular los gastos, a ver si tiene para terminarla? No sea que, si echa los cimientos y no puede acabarla, se pongan a bur-*

larse de él los que miran, diciendo: «Este hombre empezó a construir y no pudo acabar» (*Lc* 14, 28-30).

Es el mismo Señor quien te invita, de esta manera, a que eches cuentas y veas si tienes recursos para poder construir esa torre que representa tu vida como discípulo de Jesús. Solo pensarlo un instante es muy probable que lleve a tu frente un sudor frío, ¿quién puede estar seguro de poder culminar una empresa así? Y esto por decirlo de una manera amable. A poco que profundices en ello, te darás cuenta de que se trata de algo que supera las capacidades de los hombres. Y por eso precisamente quiere Jesús que te detengas a considerarlo, no para que te desanimes, sino para que descubras la razón por la cual quemar las naves no es un salto en le vacío ni una locura temeraria. Es cierto que construir esa torre está fuera de tu alcance, pero no lo está del de Dios. Él sí puede hacerlo, sí tiene los recursos necesarios: la inagotable fuerza de su gracia. Es al mismo Cristo a quien debes mirar al hacer tus cálculos antes de quemar tus naves. Sabiendo que la pregunta acerca de si te alcanzará para terminar tu empresa interroga acerca de la misma gracia que Cristo te ofrece: ¿acaso puedes dudar de que no te faltará nunca su auxilio? Mira a Jesús, Él es quien puede terminar el edificio de una vida –la tuya– junto a Él. Confía en el Maestro y quema tus naves con la alegría del que hace el negocio de su vida.

TRIGESIMOPRIMERA SEMANA. JUEVES

1. Pérdidas asumibles.
2. Repensar qué es ganancia y qué es pérdida.
3. Un test definitivo.

1. En toda batalla hay bajas. Generalmente, las del bando perdedor suelen ser más numerosas, pero a veces las pérdidas de los vencedores son cuantiosas. Incluso para alcanzar la victoria, muchos generales han debido sacrificar con plena conciencia de ello buena parte de sus efectivos. Así sucedió, por ejemplo, en Stalingrado cuando los soviéticos se aferraron a la desesperada a la orilla oeste del Volga impidiendo que los alemanes conquistaran por completo la ciudad. Finalmente, la batalla se decantó del lado ruso pero a un coste elevadísimo. Se estima que el ejército rojo sufrió durante los meses que duró la contienda en Stalingrado casi un millón de bajas, el doble que los alemanes. Fueron consideradas bajas asumibles, pues perder la ciudad hubiera significado perder todo el sur de Rusia y sus recursos industriales y petrolíferos.

Pues bien, el evangelio de hoy nos enseña que para Dios el número de bajas asumible es cero. Jesús ante la extrañeza de los fariseos y escribas por su misión con los publicanos y pecadores ilustra su conducta con dos ejemplos, la oveja perdida y la moneda extraviada. *¿Quién de vosotros, que tiene cien ovejas y pierde una de ellas, no deja las noventa y nueve en el desierto y va tras la descarriada hasta que la encuentra?* (*Lc* 15, 4). Pues la respuesta sería, probablemente, que ninguno. La posibilidad de perder las otras noventa y nueve haría con facilidad que se vea a esa oveja perdida como una pérdida que ha de asumirse. Dejar una para no arriesgar el resto. Así obramos los humanos, no Dios. Él nos muestra en su Hijo Jesucristo un modo diferente de actuar. Para Él, no hay nada perdido, no hay bajas razonables, nadie es un caso perdido por el que no merezca la pena luchar. Dios no nos sacrifica a ninguno de nosotros, sino que el Hijo es quien se ha sacrificado por todos para que nadie se pierda. Así ha obrado Dios. Y si Él no ha dado nada por perdido, ¿por qué vas a hacerlo tú? No te des por perdido ni a ti mismo ni a nadie. Dicho con expresiones del Papa Francisco, si Dios no descarta a nadie, ¿por qué vas a descartarlo tú?

2. Si Dios actúa de este modo, si para Él no hay bajas asumibles y está dispuesto a dar la batalla por todos y cada uno de los seres humanos, es porque ve las cosas de manera diferente a como las vemos nosotros. Y, ciertamente, nos cuesta entender este modo de proceder de Dios. Les pasaba no solo a los fariseos, sino también a los discípulos de Jesús. El mismo Pedro por su incomprensión hacia el camino elegido por Dios para traer la salvación habrá de recibir este reproche de labios del Señor: *eres para mí piedra de tropiezo, porque tú piensas como los hombres, no como Dios* (*Mt* 16, 23).

En efecto, el proceder de Dios, su manera de actuar reflejada en las imágenes de la oveja y la moneda perdidas, manifiesta una lógica diferente a la meramente terrena y exige de nosotros un cambio de mentalidad. Debemos repensar realmente qué es ganancia y qué es perdida sin dejarnos llevar por las apariencias de este mundo. Es precisamente algo que descubrió san Pablo como fruto de su propia experiencia personal. Una experiencia que comparte particularmente en su carta a la comunidad de Filipo. En esas letras, en las que abre su alma de par en par, confiesa que todo aquello que consideraba su mayor seguridad y beneficio, ser linaje de Israel y en especial su condición de fariseo celoso del cumplimiento de la ley de Dios, todo eso que era su orgullo y su seguridad, ahora ya no lo considera así, sino que ahora es para él algo sin valor (cfr. *Flp* 3, 4-7). Pero san Pablo va más lejos todavía; no solo las cosas de la Antigua Alianza son las que han perdido su valor a causa de su encuentro con Jesús, sino que afirma: *todo lo considero pérdida comparado con la excelencia del conocimiento de Cristo Jesús, mi Señor. Por él lo perdí todo, y todo lo considero basura con tal de ganar a Cristo* (*Flp* 3, 8).

Ojalá Dios te conceda este cambio de mentalidad, esta auténtica conversión al modo de pensar de Dios. Pasar de la lógica mundana que valora las cosas con miras humanas a la lógica de Dios que ve las cosas desde una perspectiva de eternidad. Quizá suponga poner patas arriba tus criterios y maneras de juzgar las cosas para despegarte un poco de ellas y que no te aten al suelo. Te costará, pero recuerda que Dios te ha creado para el cielo, para volar alto. No permitas que te lo impida una mente vieja que se apega a las cosas terrenas.

Pide a Dios una mente como la de san Pablo que lo vea todo a través del cristal de Jesús.

3. ¿Cómo saber si voy por el camino correcto en lo que se refiere a la conversión de mi mentalidad mundana al modo de ver las cosas de Dios? Hay una prueba que es definitiva. Algo así como la prueba del nueve para las cuentas matemáticas, o la del algodón, que se popularizó hace unos años por la publicidad de una marca de detergente. Esta prueba definitiva es la alegría. Si en el cielo hay una alegría desbordante por un pecador que se convierte, es porque allí los ángeles y los santos sí comprenden el valor de la salvación y de cada una de las personas. Participar de esta alegría es prueba definitiva de estar en el camino adecuado que nos lleva a esa nueva manera de ver las cosas y a las personas que nos enseña Jesús en el Evangelio. Piensa cuáles son tus alegrías y sabrás dónde está tu mente y tu corazón.

TRIGESIMOPRIMERA SEMANA. VIERNES

1. En una casa bien no se habla de dinero.

2. Una clave para darse cuenta de si me sirvo del dinero o si sirvo al dinero.

3. La nobleza de crear riqueza.

1. Hace algún tiempo al interesarme por la familia de un buen amigo me contó, algo apesadumbrado, cómo uno de sus cuñados andaba siempre pensando en lo que él o el resto de familia ganaban, en lo que podían o no comprar o invertir, haciendo de esto su tema favorito de conversación. Y esto gozando de una posición más que acomodada. Lamentaba el disgusto que causaba a sus padres, que nunca habían hablado de esos temas en la mesa o el café y que lo consideraban de mala educación, y es que en una casa bien como la suya no se habla de dinero. Pero lamentaba, sobre todo, que no parecía haber otra cosa en la vida que le importase más. Y no le faltaba razón, porque aquello que no deja de caerse de nuestra boca suele ser lo que ocupa el lugar de privilegio en nuestro corazón. Por eso, hablar mucho de dinero puede indicar que es el dinero lo que capitaliza nuestro interés.

Sin embargo, no se puede ignorar el dinero ni las cosas materiales. Como dice el Papa Francisco: «El dinero es importante, sobre todo cuando no hay y de eso depende la comida, la escuela, el futuro de los hijos»[1]. ¿Cómo decirle a un padre o a una madre que no piense en el dinero cuando con dificultades alcanza a llegar a fin de mes faltándole en ocasiones lo necesario para sus hijos? Entonces, ¿dónde está el equilibrio? ¿Es solo una cuestión de cantidad: cuando se tiene poco, sí ha de interesar y cuando se tiene mucho, no? A poco que mires en el evangelio las veces que Jesús habla sobre el dinero y las riquezas, te darás cuenta de que la cuestión es mucho más profunda y que conviene que le pidas a Dios luces para ver con claridad el modo de considerar y usar los bienes materiales.

2. El evangelio de hoy trata de un hombre rico y de su administrador que, según parece, estaba haciendo un mal uso de sus facultades enriqueciéndose ilícitamente y derrochando los bienes de su señor. Date cuenta de que en la parábola, como en otros muchos pasajes del evangelio que tratan sobre las riquezas y los bienes, la posesión de los mismos no es, de suyo, algo malo, sino que es otra cosa lo que califica moralmente cada personaje, ya sea el modo de adquirirlos, de usarlos o de considerarlos. Más aún, la cuestión alcanza una profundidad radical, tal y como afirma el Papa: «[El dinero] se convierte en ídolo cuando se convierte en el fin. La avaricia, que no es por casualidad un pecado capital,

---

[1] PAPA FRANCISCO, *Discurso a los participantes en la reunión de Economía de Comunión,* organizada por el movimiento de los Focolares el 4-2-2017. Y lo que sigue.

es pecado de idolatría porque la acumulación de dinero en sí se convierte en el fin del propio actuar. Ha sido Jesús, precisamente Él, quien dio categoría de "señor" al dinero: "Nadie puede servir a dos señores, dos patrones". Son dos: Dios o el dinero, el anti-dios, el ídolo. Esto lo ha dicho Jesús. Al mismo nivel de opción. Pensad en esto».

¿Comprendes entonces la insistencia de Jesús con sus advertencias? El dinero fácilmente pasa a ocupar el lugar que únicamente corresponde a Dios en la vida de los hombres. Lo hace cuando deja de ser un medio para convertirse en el fin de nuestros actos, cuando pasa de ser aquello necesario para llevar el justo y necesario sustento al hogar que permita una vida digna al objeto de deseo desenfrenado por aumentar su posesión.

Llegados a este punto, es probable que tengas la convicción acerca de lo necesario que resulta mantener respecto del dinero y los bienes materiales esa relación sana y equilibrada de la que venimos tratando. Pero quizá te preguntes cómo hacer tal cosa en lo concreto, en tu vida cotidiana en la que trabajas, ganas dinero, lo gastas, etc. No pretendo ofrecerte una solución o criterio mágico, las cosas son mucho más complejas. Pero sí creo que puede ayudarte un principio que no debe faltar nunca en tu relación con el dinero: compartirlo. Si no hay una dimensión de apertura a los demás, ya sea la familia, la contribución al bien común, a las necesidades de la Iglesia y de los más pobres, etc., puedes estar seguro de que andas muy cerca de caer en esa idolatría del dinero de la que nos habla el Papa Francisco y que censura con tanta fuerza Jesús. Por eso, conviene que te detengas en considerar si en tu manera de pensar, ganar y gastar tu dinero está presente esta apertura a los demás, esta generosidad. Piénsalo con calma y con honestidad delante de Dios.

3. Con frecuencia, al pensar en estas cosas, la necesaria cautela que hemos de tener con los bienes materiales y en especial con el dinero a causa de lo fácilmente que se corrompe nuestro corazón al acercarse a ellos, puede llevar a una mirada negativa sobre las actividades económicas, como si fueran algo sucio de por sí. Nada más lejos de la realidad. Sin ir más lejos, el Papa Francisco habla en estos términos sobre los empresarios: «La vocación de un empresario es una noble tarea, siempre que se deje interpelar por un sentido más amplio de la vida; esto le permite servir verdaderamente al bien común, con su esfuerzo por multiplicar y volver más accesibles para todos los bienes de este mundo»[2].

En tu trabajo, en tu actividad empresarial, o en los estudios que ahora realizas para mañana participar en ella, hay una llamada –una vocación– al servicio. Y es ahí donde encontrar un sentido profundo y positivo a tales actividades. Cuando las realizas cara a Dios y cara a los demás, consciente de que no te sirves a ti mismo, sino a un bien más grande, entonces tendrás ante ti un camino precioso de santificación personal y de servicio a los demás. Crear y multiplicar riqueza no solo para uno mismo, sino para que otros también puedan tenerla, hay en ello un algo divino que nos acerca al Creador. Ojalá lo descubras y lo vivas cada día.

---

[2] Papa Francisco, *Evangelii Gaudium,* 203.

TRIGESIMOPRIMERA SEMANA. SÁBADO

1. No se puede ser honrado a tiempo parcial.
2. Dios conoce el corazón de los hombres.
3. ¿Quién puede entonces ser honrado a los ojos de Dios?

1. Hace tiempo, un sacerdote de un país africano al contar cosas de su tierra y de cómo vivían los cristianos, dijo de pasada algo que llamó mi atención. Refirió que era habitual en las empresas que se buscase para la caja a un empleado que fuera católico pues les daba mayor confianza en que se comportaría honradamente. No vamos a negar que hay católicos que roban o engañan, pero es verdad que parece permanecer en la conciencia una convicción, incluso entre los no creyentes, de que la práctica de la fe católica implica a priori una mayor inclinación a la honradez en cualquier ámbito de la vida. Y no falta apoyo a esto en el Evangelio. Son muy abundantes las llamadas de Jesús, como la de hoy del evangelio, a comportarse con fidelidad y sin doblez en todos los ámbitos de la vida.

No lo dudes, de ti se espera que seas honrado. Lo esperan los que te rodean, tu familia, tus compañeros de estudio y trabajo, pero sobre todo lo espera Dios mismo, que quiere que sus hijos vivan con rectitud las cosas de la tierra. Y la exigencia más importante es esta última, la de Dios. No solo por ser quien es, sino porque es la más radical y profunda. Jesús reclama honradez en todo, en lo grande y en lo pequeño: *el que es fiel en lo poco, también en lo mucho es fiel; el que es injusto en lo poco, también en lo mucho es injusto* (*Lc* 16, 10). Medita bien esta sentencia de Jesús. Hay, al menos, dos consecuencias de la misma que pueden ser de tu provecho. Primero, la vinculación entre lo poco y lo mucho tiene que ver con adquirir la capacidad de actuar honradamente. Solo se triunfará en lo grande si antes se ha luchado y vencido en lo pequeño. Como un deportista: solo entrenando y afrontando retos de creciente dificultad estará listo el día de la competición cuando la victoria exija todo de lo que es capaz. También tú, si no quieres naufragar en la prueba cuando esta sea grande, ve poniéndote a prueba en las cosas pequeñas de tu día a día.

Segundo, el engaño lo mancha todo como una mancha de aceite. No es posible ser honrado a tiempo parcial o por compartimentos estancos. Si te dejas llevar por la injusticia o la mentira en una faceta de tu vida, es fácil que se termine extendiendo al resto. Es todo o nada, luchar por vivir sin doblez cara a Dios, o ceder a la corrupción del pecado. No podrás servir a dos señores.

2. Pero hay una razón más profunda que hace todavía más urgente y radical la exigencia de fidelidad y honradez que proclama Jesús en el evangelio, como les dice a los fariseos: *Dios conoce vuestros corazones* (*Lc* 16, 15). Conoce lo íntimo de nosotros mejor que nosotros mismos, nada se le oculta ni le podemos ocultar. No es posible engañar a Dios. Por eso no basta con guardar las formas externas, que es lo que ven los hombres, como hacían los fariseos. La exigencia que manifiesta Cristo es mayor porque se dirige también al corazón, a lo interior, a lo que solo Dios ve.

Me decía una vez un muchacho: «me agobia pensar que Dios ve todo lo que hago y, peor aún, que sabe todo lo que pienso y siento. No me gusta nada, me lo imagino como un Gran hermano que no deja pasar una. No sé cómo luego mirarle a la cara –decía en sentido figurado–, ni cómo hablarle; solo de pensarlo me muero de vergüenza». Pero Dios, aunque ve y conoce todo lo que pensamos, hacemos y sentimos, no es un «Gran hermano» implacable. Porque lo asombroso es que viendo nuestro interior con total claridad y nitidez no retira su amor y su favor hacia nosotros, a pesar de las oscuridades que a veces anidan en nuestra alma. Te ha dado pruebas sobradas de ello. Por eso, ante Él no te avergüences, sé sencillo y pídele perdón sin complicaciones. Piénsalo al revés: si ya conoce cómo eres y no se le oculta nada de cuanto pasa en tu vida, ¿por qué vas a tenerle miedo o a pensar que te va a rechazar? Al contrario, ten por seguro que no se escandaliza de ti, que no le vas a sorprender. Como resulta más fácil hablar de algo que nos hace sufrir o nos avergüenza con alguien que ya sabe de lo que se trata que contarlo de nuevas a quien no conoce nada, también el que Dios te conozca mejor que tú mismo, si lo miras de este modo, no deja de ser una facilidad para que puedas confiarte en Él.

Dios conoce tu corazón y tu intimidad, y te ama. Es consolador, pero exigente. Una revelación maravillosa del corazón de Dios y una llamada a corresponder de veras, que es tarea para toda la vida, en sentido temporal, pero también en cuanto que ha de abarcar todos sus aspectos.

3. Si Dios ve el corazón, entonces ¿quién puede ser honrado ante Él? Porque por más que nos esforzamos, siempre descubrimos en nosotros, aunque sea leve, la sombra del pecado. No es una pregunta nueva. El salmista ya la formulaba hace más de dos mil años: *Señor, ¿quién puede hospedarse en tu tienda y habitar en tu monte santo?* (*Sal* 15, 1). Y responde: El que procede honradamente y practica la justicia, el que tiene intenciones leales... (*Sal* 15, 2). Es decir, el que lucha cada día por serle fiel, sin doblez, con intención leal. Los fariseos reciben el reproche de Jesús no por sus faltas, que serían las que fueran, sino porque se las dan de justos ante los demás y no buscan lealmente la justicia que pregonan practicar. Dios ya sabe que no venceremos totalmente hasta el final, que nuestra vida es lucha permanente y que debemos esforzarnos, y que podemos a veces caer. Cuenta con ello, y por eso no te deja ni te priva de su ayuda, una ayuda en la que podemos confiar sin reservas, como san Pablo que llega a decir: todo lo puedo en aquel que me conforta (*Flp* 4, 13). Tú también puedes vencer cualquier cosa en aquel que te conforta y te ayuda. Confía cada día más en Él.

TRIGESIMOSEGUNDO DOMINGO. CICLO A

1. Ignorar el destino de los difuntos lleva a la desesperanza.
2. Vivir de fe y esperanza.
3. Para que no olvidemos que estamos en las manos de Dios.

1. Las lecturas de este domingo, como sucede siempre que nos acercamos al final del tiempo ordinario, antes de la Solemnidad de Cristo Rey, dirigen nuestra mirada hacia la consideración de la vida eterna. Es preciso pensar en qué nos cabe esperar tras este mundo pues la muerte aparece como una realidad ineludible para todo ser humano. Por eso san Pablo, en la segunda lectura de la misa de hoy, les dice a los cristianos de Tesalónica: *Hermanos, no queremos que ignoréis la suerte de los difuntos para que no os aflijáis como los que no tienen esperanza* (*1 Ts* 4, 13). Aquellos tesalonicenses andaban inquietos, quizá por las primeras muertes que se producían entre ellos cuando pensaban que la segunda venida de Jesús sería inminente y que, por tanto, ninguno moriría antes. Lo cierto es que la muerte de alguien a quien queremos, y desde luego afrontar la propia, pone a prueba la fe, como les sucedía a aquellos primeros cristianos. Pablo no se va por las ramas, no elude la cuestión, sino que quiere abordarla abiertamente; no hacerlo es el camino de la desesperanza.

No dejes de advertir la diferente manera de afrontar los interrogantes e incertidumbres que plantea la muerte que tiene san Pablo respecto de la que puedes percibir en nuestro mundo. Vivimos en una sociedad que ha decidido ocultar, todo cuanto sea posible, la realidad de la muerte. Porque una cosa es lo que sucede en las películas, ahí sí cabe destrucción y muerte por doquier, y otra, la muerte de verdad. Sucede sobre todo en las ciudades. Los difuntos no se velan ya en las casas, apenas pasan por la iglesia, se trata de poner la mayor distancia posible. A los niños, incluso a veces a los ya mayores, se les mantiene al margen, ¡como si no hubiera que explicar la ausencia de su querido abuelo o abuela! Ignorar, mirar a otro lado, «distraerse», como dicen algunos con buena intención, no es sino camino de desesperanza, seguro que has tenido ocasión de comprobarlo.

2. En el fondo, es comprensible la reacción mundana ante la muerte. Sin fe, sin la esperanza que abre la resurrección de Jesucristo, la muerte se presenta como invencible y la vida, con ella como inevitable epílogo, resulta verdaderamente triste. No es una experiencia nueva. Puedes percibir esa desesperanza y tristeza en los clásicos. Por ejemplo, cuando le dice Aquiles a Ulises en la *Odisea:* «No me hables con dulzura de la muerte, glorioso Odiseo. Preferiría servir como mercenario a otro antes que ser el señor de los muertos que han perecido». No hay discurso posible sobre la muerte que no sea amargo fuera de la fe en Jesús. Pero desde ella todo cambia: *Pues si creemos que Jesús murió y resucitó, de igual modo Dios llevará con Él, por medio de Jesús,* *a los que han muerto* (*1 Ts* 4, 14). Dale gracias a Dios por esta luz capaz de sofocar la sombra de desesperanza que arroja la muerte; muchos quisieron alcanzarla y no pudieron, a ti se te ha regalado como un don precioso.

Has sido invitado a la vida eterna, como fueron invitadas las diez doncellas del evangelio de hoy a la fiesta de bodas, imagen del reino de Dios, de la vida eterna. La invitación es para todas, pero no todas terminarán entrando en la fiesta. Del mismo modo, Dios invita a todos los hombres a participar de la vida verdadera, pero no es seguro que todos vayan finalmente a gozar de ella. Hay algo que han de poner de su parte, como tuvieron que hacer las vírgenes sensatas. Su manera de agradecer la invitación y estar preparadas fue tener una buena provisión de aceite para que su lámpara permaneciera encendida; ¿cómo podrás tú actuar de manera semejante? Alimentando la luz de tu esperanza con obras de fe y caridad. En la medida que realices obras movido por la fe y el amor a Dios y a los demás, la esperanza que nace de esa misma fe y amor crecerá y se conservará vigorosa en tu vida. Piénsalo.

3. Te ha sido ofrecida una esperanza y el camino que has de seguir para que esta pueda realizarse. No es poca cosa, ni mucho menos. Conviene que no lo olvides y que des continuamente gracias a Dios por todo ello. Lo que no se te ha revelado es el cuándo. De ahí la recomendación de Jesús al final del evangelio: *Velad, porque no sabéis el día ni la hora* (*Mt* 25, 13).

En efecto, no sabemos cuándo sucederá el momento final de la historia en que Cristo instaurará de manera definitiva su reino. Pero tampoco sabemos cuándo acabará para nosotros este tiempo y seremos llamados para comparecer ante Dios. La curiosidad humana se ve estimulada por ambas cuestiones que, a pesar de todo y si lo piensas un poco, no son relevantes de cara al desenlace. Te basta lo que Cristo ha dado a conocer. Ocultar el tiempo es quizá una manera de que no olvides que sigues siempre en manos de Dios, que Él es el Señor de la historia, del tiempo y de la vida. Solo Él es quien te ha ofrecido una esperanza y un camino, y únicamente en sus manos pueden realizarse. Esa llamada de Cristo que te apremia a aprovechar tu tiempo porque no sabes de cuánto dispones no ha de llevarte al miedo o a la angustia. El Señor te ha dado sobradas pruebas de su benevolencia y favor hacia ti. Si te llama de este modo, es para evitar que te duermas, que te distraigas y pierdas la ocasión que Él te brinda. Vuelve tu mirada a María y pídele que te enseñe a vivir así, en vela, preparándote en el ejercicio de la fe y la caridad para el día en que su Hijo te llame para abrazarte en su reino. Ella es *vida, dulzura y esperanza nuestra*.

TRIGESIMOSEGUNDO DOMINGO. CICLO B

1. Dos viudas y una idéntica entrega: todo.
2. La misteriosa providencia de Dios nos lleva al cielo.
3. No hay amor sin sufrimiento.

1. Ella fue extraordinariamente desprendida. Los ríos no fluían y los torrentes se secaban: se cumplía a la letra la promesa de Dios y la ausencia de lluvias torturaba a las gentes, una sequía prolongada.

Habitaba en Sarepta, una localidad poco importante situada en el muy pagano territorio de Sidón. El profeta Elías –lo escuchamos en la primera lectura– acudió a casa de la viuda movido por la Palabra del Señor. Ella, sabiendo que acogía a un profeta, lo trató con gran delicadeza. Elías probó su generosidad cuando le mandó que le diera un vaso de agua y una hogaza de pan. Sabía que era pedir demasiado y que con ese requerimiento exigía a la viuda su vida entera, porque tras darle su último alimento solo le quedaría morir. Ella temió por su vida. El profeta le hizo una promesa: no tengas miedo. La viuda fue valiente y, sobre todo, magnánima.

El evangelio de hoy repara en otra viuda que brilla por la inmensa generosidad de los que son capaces de fiarse absolutamente de Dios. Ambas mujeres fueron capaces de ofrecer todo lo que tenían para vivir. No se reservaron nada para ellas. Quizá a una y a otra la vida las trató con dureza, pero podemos estar seguros de que ambas recibieron, de las manos de un Dios que es inmensamente bueno, el pago por su entrega.

A la luz de estos ejemplos bíblicos, tomemos seriamente en consideración la advertencia siempre actual de nuestro Señor que nos alerta del peligro de parecer buenos sin serlo, de figurar como generosos siendo egoístas, de ir de humildes pero ser, en el fondo, profundamente rencorosos.

2. Cuando las misioneras de la Caridad fueron a Armenia, tuvieron ocasión de visitar uno de los lugares más típicos del país, junto al monte Ararat. Estando en el mirador, lo que llamó la atención de las hermanas no fue la bella montaña, sino una mendiga aparentemente armena que, sentada al sol sobre el suelo de piedra, estaba cubierta con harapos medio rotos y terriblemente sucios. Ante la negativa de Irna, que así se llamaba, para irse con las hermanas, ellas le prometieron ir a visitar su casa y ayudarla en lo que necesitara.

La descripción del lugar donde vivía no deja lugar a dudas de lo lamentable de su estado: «Dentro del cobertizo, el hedor era tan horroroso que agradecí tener que encargarme de ir a coger agua. Como Irna no se podía mover, la estancia no se había limpiado durante años y la suciedad acumulada era indescriptible. Todo estaba pegajoso y cubierto de una capa de polvo y mugre. Las cosas que ella usaba estaban a su alcance, alrededor de la cama, es decir, de los tres sacos de paja...»[1].

---

[1] L. Maasburg, *La Madre Teresa de Calcuta*, Madrid 2012, 167-169.

Cuando oscurecía, mientras sacaban las bolsas de basura, una de las religiosas tuvo la idea de preguntar a Irna si deseaba confesarse con el padre Leo. Ella la miró radiante, y respondió esperanzada: «me gustaría confesarme… soy católica».

Tras haber recibido el sacramento, ella se decidió a contar su historia. Con dieciocho años ingresó como monja católica en un convento de Siria. Sus padres, contrarios a su decisión, pasados los años la obligaron a abandonar el convento y a casarse. «Cuando sus dos hijos se hicieron mayores, volvieron a Siria con su padre y ella se quedó sola: hacía veinte años que no sabía nada ni de su marido ni de sus hijos. Durante ese tiempo, su vida había sido mendigar y rezar. Todos los días le pedía a Dios que la perdonara por haber abandonado el convento y que le concediera la gracia de vivir lo suficiente para poder hacer una confesión católica y volver a comulgar una vez más». Pero eso era cada vez más difícil en la Armenia comunista. Tres semanas después de su confesión, Dios, en su misteriosa providencia, la llamó a estar con Él para siempre.

Irna lo entregó todo, sin reservarse nada, como las dos viudas protagonistas de nuestra oración. La violencia y coacción de su familia alteró los planes de Dios sobre ella, o más bien los definió con rasgos nuevos, rasgos de cruz dolorosísima. Hoy ella nos contempla desde el cielo, escucha nuestras súplicas y atiende a nuestros sufrimientos, porque bien sabe lo que es padecer.

3. «No hay amor sin sufrimiento», decía Benedicto XVI, «sin el sufrimiento de la renuncia a sí mismos, de la transformación y purificación del yo por la verdadera libertad. Donde no hay nada por lo que valga la pena sufrir, incluso la vida misma pierde su valor». Merece la pena sufrir por amor a un hijo, por amor a un amigo, por amor a la propia esposa. El sufrimiento va mucho más allá de un padecimiento físico; es, sobre todo, un dolor del alma: el dolor moral por la ausencia de un ser querido, por la traición de alguien a quien amamos o por el tormento que viene de los amigos.

«La Eucaristía, el centro de nuestro ser cristianos, se funda en el sacrificio de Jesús por nosotros, nació del sufrimiento del amor, que en la Cruz alcanzó su culmen. Nosotros vivimos de este amor que se entrega. Este amor nos da la valentía y la fuerza para sufrir con Cristo y por Él en este mundo, sabiendo que precisamente así nuestra vida se hace grande, madura y verdadera»[2].

Es un rollo sufrir por el bienestar de uno mismo. Tal sufrimiento no es sino la expresión directa de una excesiva preocupación por las cosas propias. En cambio, sufrir por los demás es indicativo del amor y de la entrega: el día en que dejemos de sufrir con las dificultades de los demás, quizá signifique que en ese momento los hemos dejado de querer de verdad.

También hay mucho de esto en la expresión: dar incluso lo que tenemos para vivir. Amar aun a precio de nuestro propio bienestar es justamente lo que hace que nuestra vida sea verdadera y nosotros, grandes.

---

[2] BENEDICTO XVI, *Homilía en la inauguración año paulino,* 28-VI-2008.

TRIGESIMOSEGUNDO DOMINGO. CICLO C

1. Hoy hay mucho saduceo suelto.

2. El valor y el destino del cuerpo.

3. ¿Amar a Dios por quien es o por lo que nos da?

1. Los últimos domingos del año litúrgico, que terminará con la fiesta de Cristo Rey dentro de dos semanas, orientan nuestra mirada hacia el futuro, hacia lo que nos cabe esperar después de esta vida. Hoy el evangelio de san Lucas nos ofrece una enseñanza de Jesús sobre la resurrección a propósito de una pregunta formulada por un grupo de saduceos que, como nos informa el evangelista, no creían en la resurrección de los muertos. Hoy, entre nosotros, hay muchos que comparten esa incredulidad, aunque a la vez no pocos se muestren dispuestos a admitir las más variopintas posibilidades de existencia tras la muerte, desde la reencarnación a una pervivencia en la naturaleza. Sin embargo, hoy no solo se niega la resurrección, sino que frente al valor de una vida eterna más allá de esta «los hombres de hoy día sienten un gran entusiasmo por la *mística de la tierra:* quieren conferir el valor más alto a las realidades de aquí abajo y hacer participar de ellas lo más copiosa y profundamente posible a la masa de la humanidad»[1].

Sin embargo, Cristo te pide que hagas lo contrario. Que no mires a la tierra, sino a lo que hay más allá de ella. Te pide que creas en la resurrección. Él ha enseñado sobre ella con total claridad, pero ha ido todavía más lejos, como dice el Catecismo: «Jesús liga la fe en la resurrección a la fe en su propia persona: *Yo soy la resurrección y la vida* (*Jn* 11, 25). Es el mismo Jesús el que resucitará en el último día a quienes hayan creído en Él (cfr. *Jn* 5, 24-25; 6, 40) y hayan comido su cuerpo y bebido su sangre (cfr. *Jn* 6, 54). En su vida pública ofrece ya un signo y una prenda de la resurrección devolviendo la vida a algunos muertos (cfr. *Mc* 5, 21-42; *Lc* 7, 11-17; *Jn* 11), anunciando así su propia Resurrección que, no obstante, será de otro orden»[2]. Cuesta pensar cómo será posible, cómo sucederá, siempre ha costado. La resurrección ha sido piedra de toque para la fe de las gentes a lo largo de la historia. Por eso pide al Señor que aumente la tuya y que creas su palabra y esperes que se cumpla.

2. Parece que el ser humano es criatura de extremos al que cuesta encontrar el equilibrio, el justo medio, donde, según Aristóteles, se encuentra la virtud. Por eso no extraña encontrar a lo largo de la historia, y con frecuencia de manera simultánea, modos extremos y contrarios de entender y vivir las cosas. Así sucede con el cuerpo, y en general con lo material, en nuestros días. Muchos vi-

---

[1] C. Moeller, *Humanismo y santidad*, Barcelona 1967, 23.

[2] *Catecismo de la Iglesia Católica*, 994.

ven una esclavitud hacia el cuidado excesivo del propio cuerpo: gimnasios, cremas de todo tipo y operaciones de estética nunca han conocido una proliferación como la actual. Y unido a esto muchas veces un ecologismo equivocado que hace de la naturaleza un Dios al que servir. A la vez, en otros muchos, lo contrario: un desprecio por el cuerpo del que se abusa hasta el extremo bajo el lema: es mi cuerpo y hago lo que quiero con él.

Pensar en la resurrección nos hace darnos cuenta del valor del cuerpo y de su destino. Porque ciertamente nuestro cuerpo de ahora se verá destruido, pero a la vez está llamado a la eternidad. Es caduco y por eso, como con todas las cosas caducas, no puede ser depositario de nuestras esperanzas ni de nuestra felicidad, porque antes o después pierde su vigor, belleza y, en último término, la vida misma. Poner la felicidad en la belleza corporal, que va aparejada a parecer siempre joven, lleva irremediablemente a la frustración. Al tiempo no podemos ganarle, al final nos da alcance y nos vence. Busca lo permanente, esa belleza interior de tu alma que no perece y que te llena de alegría duradera.

Pero a la vez el cuerpo, tu cuerpo, está llamado a la eternidad, a participar de la vida divina en el cielo. No es fácil de entender. Porque no se trata de que en la vida nueva se nos dé un cuerpo diferente, nuevo, sin nada que ver con el cuerpo actual. No es como el que cambia de camiseta o de traje. En la resurrección es tu cuerpo, el que ahora te constituye juntamente con tu alma en ser humano, el que está llamado a la vida. Hay una identidad corporal en la resurrección: no será un cuerpo, será tu cuerpo. Y por eso mismo nuestro cuerpo tiene una dignidad no solo derivada de la creación, sino de la llamada a la vida eterna de la que también participa. Entender esto hace que puedas vivir ya en la tierra las cosas como anticipo de las del cielo, en lo espiritual y en lo corporal. Del mismo modo que el gozo espiritual nos habla del cielo, el corporal, cuando es honesto, también nos señala lo que nos espera tras la resurrección.

3. Es maravilloso lo que Dios nos promete. La esperanza en la resurrección colma todas nuestras aspiraciones, e incluso va más allá de ellas. Es por eso un motivo añadido para amarle más. A veces, con esto nos liamos y tratamos de separar el amor a Dios por ser Dios y el amor por lo que nos da. ¡Como si fuera posible separar ambas cosas en nuestra experiencia religiosa! Es algo así como la pregunta ¿a quién quieres más: a papá o a mamá? Formularla lleva irremediablemente al fracaso. Dios es digno de amor por sí mismo, sin duda, es lo más amable, nada merece nuestro amor como Él. Pero lo conocemos tal como se nos revela: como creador y salvador, que nos ofrece la vida y la participación en su bienaventuranza. Le amamos porque es Dios y le amamos todavía más por lo que nos regala. Que considerar los dones maravillosos de Dios aumente tu amor y deseo de fidelidad hacia Dios.

TRIGESIMOSEGUNDA SEMANA. LUNES

1. Cuídate de no ser causa de tropiezo para otros.

2. Una piedra en la que a veces tropezamos y con la que hacemos tropezar.

3. Fe para poder perdonar.

1. Decía un buen amigo, respecto de sí mismo al volante, que nunca había tenido un solo incidente con otro vehículo ni tampoco multa alguna. A lo que le contestábamos al unísono varios que él no los tenía, pero los provocaba. Dejaba seguro un reguero de damnificados por su forma de conducir: ausencia de señalización al girar, pésimo cálculo de las distancias laterales, invasión frecuente de los otros carriles... Él no habría tenido accidentes, pero seguro que ha debido provocar varios. Y eso también cuenta, porque en el mundo no circulamos solos ni aislados, sino que nuestras acciones y omisiones influyen en los demás. Hoy Jesús en el evangelio exhorta a que tengamos cuidado de no influir negativamente.

Es imposible que no haya escándalos; pero ¡ay de quien los provoca! (*Lc* 17, 1). La advertencia del Señor es seria, y se dirige a sus discípulos, según ha querido hacer notar Lucas. Escándalo significa etimológicamente «piedra con la que se tropieza». A lo largo del camino encontramos piedras de estas que nos hacen tropezar. Como el mismo Jesús reconoce, es inevitable, tiene que ver con nuestra condición pecadora; aunque sea solo por debilidad, tropezamos en la vida. Pero cuidado con hacer tropezar a otros, en especial a los pequeños (cfr. *Lc* 17, 2). Jesús lo juzga con severidad.

Piensa entonces si en tu manera de comportarte, de hablar o de vestir puedes ser ocasión de que otro tropiece. Bien por un mal ejemplo que das a otros que se fijan en ti en una cuestión moral o de costumbres, bien por algo que desdice de la vida de un hijo de Dios y resulta chocante en alguien que lucha por vivir cristianamente. Examínate en este punto y busca enmendarte, por ti mismo y por los demás a quienes puedes hacer tropezar. Un ejemplo, algo tonto pero simpático: un buen amigo que es muy especial para las comidas y no prueba casi las verduras, el pescado y la fruta, empezó a esforzarse por comer de todo y no dar mal ejemplo a sus hijas. No es poca razón el no influir negativamente en otros para cambiar, tampoco lo es la reprobación de una esposa y menos la del mismo Cristo.

2. Hay algo en lo que podemos tropezar con frecuencia y a la vez hacer tropezar a otros: cómo reaccionamos ante la ofensa de los demás. Jesús nos propone un modo de actuar que es, sin duda, exigente: *si tu hermano te ofende, repréndelo, y si se arrepiente, perdónalo* (*Lc* 17, 3). Reprender, es decir, corregir, y perdonar, dos cosas que ordinariamente nos cuestan bastante.

Corregir, ¡qué difícil y embarazoso resulta la mayoría de las veces! Preferimos dejarlo pasar y criticar con otros la ofensa o el mal padecido que ir a la persona para hacerle una corrección. Una corrección no es buscar revancha, sino que nace de un amor sincero y busca la rectificación de quien ha obrado mal. Mira al bien, no propio, sino del otro. Es gesto de fraternidad. Y es también un buen termómetro de la calidad de una amistad. Los buenos amigos no son quienes se adulan, sino quienes tienen la confianza y el aprecio mutuo suficiente para advertirse cuando obran incorrectamente y ser ayuda para corregirse.

Si corregir nos cuesta, perdonar no nos resulta más sencillo. Es verdad que requiere de algo por parte del otro, el arrepentimiento. Sin él no es posible el perdón, ni siquiera el divino, porque, como todo don, el perdón para que pueda darse de modo perfecto ha de ser recibido. Pero ahora se trata de fijarse no en lo que toca al otro, sino a ti y a mí cuando hay que perdonar. Cuesta, y cuando hay reincidencia, más. Sin embargo, Jesús insiste: *si te ofende siete veces en un día, y siete veces vuelve a decirte: «me arrepiento», lo perdonarás* (*Lc* 17, 4).

No te olvides que el perdón es un valioso testimonio del amor de Dios, el primero que ha perdonado. Y al revés, el rencor, la falta de perdón en los cristianos es causa de escándalo, ocasión para que quienes tienen una fe endeble o están acercándose a la misma puedan tropezar. No seamos ni tú ni yo causa de escándalo por no perdonar a quienes nos hayan ofendido. No olvides, además, que es condición señalada por Jesús en el Padrenuestro para alcanzar el perdón divino.

3. Cuesta perdonar porque en el fondo se trata de un acto que es propio de Dios. Solo su amor tiene potencia suficiente para perdonar de verdad y a fondo. No se cansa nunca de perdonarnos, tiene una paciencia infinita con nosotros. Y es ahí donde aprendemos el perdón. Por eso necesitamos fe para perdonar, y por eso es tan oportuna la petición de los apóstoles: *auméntanos la fe* (*Lc* 17, 5). Porque hace falta mucha fe para perdonar del modo que pide Jesús, no una vez, sino todas las veces. Hace falta fiarse de Jesús y experimentar de Él primeramente el perdón. El perdón de Dios es la fuente de la que puede brotar también nuestro perdón para los demás. Por eso hemos de acudir al perdón de Dios siempre, sin temor a ser pesados, porque, como dice el Papa Francisco, «Dios nunca se cansa de perdonar. Nunca. El problema es que nosotros nos cansamos, no queremos, nos cansamos de pedir perdón. Él jamás se cansa de perdonar, pero nosotros, a veces, nos cansamos de pedir perdón. No nos cansemos nunca, no nos cansemos nunca. Él es Padre amoroso que siempre perdona, que tiene ese corazón misericordioso con todos nosotros. Y aprendamos también nosotros a ser misericordiosos con todos»[1]. Nos cansamos de perdonar si nos hemos cansado de pedir perdón. Sigue, por eso, el consejo del Papa.

---

[1] Papa Francisco, *Angelus* del 17-03-2013.

TRIGESIMOSEGUNDA SEMANA. MARTES

1. Servir es el arte supremo.
2. Inclinarse para servir.
3. El premio del criado fiel y cumplidor.

1. Guido Orefice es un italiano de origen judío, entusiasta y muy ingenioso, que empieza a trabajar en el hotel de su tío en la película *La vida es bella*. El tío le hace una prueba, una especie de examen que demuestre si está ya preparado para desempeñar el trabajo de camarero. Al final de la misma, Guido no sabe hasta dónde ha de inclinarse al hacer una reverencia, su tío aprovecha entonces para darle una lección magistral sobre el significado del servicio. Le dice: «Fíjate en los girasoles, se inclinan al sol, pero si ves alguno que se ha inclinado demasiado, significa que está muerto. Tú estás sirviendo, pero no eres un siervo. Servir es el arte supremo. Dios es el primer servidor, Dios sirve a los hombres, pero no es siervo de los hombres».

Servir a los demás no es, en absoluto, algo despreciable ni bajo, al contrario, es lo más elevado que podemos hacer en la vida. Cuando Jesús compara nuestros actos, y en definitiva nuestra vida entera, con la vida de un criado que sirve a su señor, está abriéndonos a una comprensión adecuada de su valor y significado. El hombre está en la tierra cumpliendo un servicio (cfr. *Jb* 7, 1), un servicio maravilloso a Dios y a los demás. Descubrir esto es descubrir la clave de la propia existencia, y también la clave de la felicidad ya en la tierra. Servir, porque Dios es el primer servidor. No es siervo, porque Él es el Señor del universo, el Creador de todas las cosas, y sin embargo nos ha mostrado en su Hijo la dignidad y el arte supremo del servicio, de la entrega a los demás. Servir a Dios inclinándote ante Él, como el girasol ante el sol, porque de Él recibes la luz necesaria para iluminar tu servicio. ¡Ojalá entiendas el valor del servicio! y lo aprecies y practiques cada día entre los que te rodean. No es poca cosa para pedirlo a Dios en tu oración.

2. Servir implica inclinarse, abajarse ante otro a quien se sirve; nos lo enseña Cristo desde la encarnación: *se despojó de sí mismo tomando la condición de esclavo* (*Flp* 2, 7). Y por eso requiere humildad, bajarse de la cabalgadura del propio orgullo y vanidad para inclinarse ante otro. El servicio a los demás exige salir de uno mismo y buscar al otro, atendiendo a lo que le sucede y necesita. La misma humildad que se precisa para ponerse a servir es la que se necesita para realizar, hasta el final, ese mismo servicio, aceptando que este se lleva a cabo, no como yo quiero, sino como ha de hacerse conforme al bien de los demás. Servir no conforme a mi voluntad, como yo quiero y cuando yo quiero, sino cuando es necesario y en la forma en que debe hacerse. Piensa si no te sucede que camuflas bajo capa de servicio acciones que en realidad buscan otra cosa distinta: satisfacer tu gusto, brillar ante los demás y que me reconozcan... El auténtico espíritu de servicio busca hacer lo que había que hacer (cfr. *Lc* 17, 10).

Por la misma razón, cuando servimos a los demás no podemos hacer las cosas de cualquier manera, no basta la buena intención, hay que hacer las cosas bien. «Por eso, como lema para vuestro trabajo, os puedo indicar este: *para servir, servir*. Porque, en primer lugar, para realizar las cosas, hay que saber terminarlas. No creo en la rectitud de intención de quien no se esfuerza en lograr la competencia necesaria, con el fin de cumplir debidamente las tareas que tiene encomendadas. No basta querer hacer el bien, sino que hay que saber hacerlo. Y, si realmente queremos, ese deseo se traducirá en el empeño por poner los medios adecuados para dejar las cosas *acabadas*, con humana perfección»[1].

Entender tu vida como un servicio a Dios y a los demás no solo no te exime de buscar la mayor perfección en lo que haces, sino que supone una mayor exigencia todavía y una razón más profunda y recta para intentar mejorar cada día en lo que haces. No lo olvides: *para servir, servir*.

3. ¿Cuál es el premio del siervo fiel y cumplidor? ¡Claro que hay recompensa para el servidor que busca en su vida cumplir con fidelidad lo que quiere su señor! Innumerables veces, el Señor ha prometido la vida eterna a quienes dedican su vida a servirle en cualesquiera de las vocaciones a las que Él llama. Hay un premio para el siervo fiel y cumplidor en la otra vida: pasar al banquete de su señor (cfr. *Mt* 25, 23). Pero cuidado, hay una tenta-

---

[1] S. Josemaría, *Es Cristo que pasa*, 49.

ción en la que, si el siervo cae, puede perder el mérito por su servicio y, por tanto, perder esa recompensa final. Es la vanidad y la vanagloria en el propio servicio. Cuando empezamos a darnos importancia en lo que hacemos, y buscamos el permanente agradecimiento de Dios o de los demás por nuestros actos, empezamos a deslizarnos por la senda de la vanidad. Jesús en el evangelio de hoy parece querernos despertar de este delirante sueño que es la vanagloria de nuestras buenas acciones por los demás. Sus palabras rotundas, casi bruscas, son como una palmada al lado de quien empieza a quedarse dormido en brazos de la propia vanidad: *¿Acaso tenéis que estar agradecidos al criado porque ha hecho lo mandado?* (*Lc* 17, 9).

Ceder a esta tentación y esperar siempre la aprobación, valoración y agradecimiento de Dios y de los demás, lleva además con frecuencia a una profunda insatisfacción y a la tristeza. Porque nunca es suficiente esa valoración y gratitud que nos ofrecen los demás. Enseguida pensamos que merecemos más, que no se valora bien lo que hacemos, que no se agradece lo suficiente. Y así se forja en nuestra mente la conciencia de víctimas. Y ¡qué amargura siembra en el alma una conciencia victimista!

El mejor antídoto contra esta tentación es descubrir y gustar el premio ya presente en el servicio, que no es otro que el mismo servicio a Dios y a los demás. Servir es ya un premio en esta vida, no hay que esperar otro aquí más que esa paz en tu alma de saber que has hecho lo que tenías que hacer. Goza del arte supremo de servir, es gozo divino.

TRIGESIMOSEGUNDA SEMANA. MIÉRCOLES

1. La desgracia une.
2. La memoria es útil para recordar lo bueno.
3. La acción de gracias salva.

1. En 1999, un devastador terremoto asoló una zona de Turquía ocasionando pérdidas irreparables: 15.000 personas perdieron la vida y hubo más de medio millón de desplazados. La cooperación internacional no se hizo esperar, si bien la respuesta más inmediata vino de sus vecinos griegos: en pocas horas ofrecieron una ayuda activa y eficaz a decenas de miles de personas.

La enemistad entre griegos y turcos es secular. Además de las típicas tensiones fronterizas, su odio mutuo creció intensamente cuando en el primer tercio del siglo XX muchos cristianos ortodoxos griegos fueron expulsados de Turquía. Ambos países reclaman la nacionalidad de numerosas islas del Egeo y las relaciones comerciales están muy restringidas.

La mañana que siguió a la catástrofe, el diario turco *Sabah*, conocido por su fortísimo posicionamiento nacionalista antigriego, sorprendió a la luz pública con una portada cuando menos sorprendente: «Muchas gracias, vecino». Era la primera vez que una voz turca tenía palabras de agradecimiento para los griegos.

La experiencia común del género humano es que la desgracia une. El odio entre ambas naciones era antiguo; pero el sufrimiento hizo que, junto con miles de vidas humanas, cayera el muro que los separaba.

El evangelio de hoy reproduce una situación similar, hasta cierto punto. La desgracia había unido a judíos y samaritanos en un particular grupo de leprosos. La maldición de la lepra ligaba dos grupos humanos que se aborrecían entre sí, se deseaban la muerte y, de ordinario, ni se saludaban. Cuando aquellos diez hombres ven pasar a Cristo, comienzan a gritarle desde la distancia. Ni se atrevían ni podían acercarse: la suya se consideraba una enfermedad altamente contagiosa, y la religión les declaraba impuros. Por eso estaban condenados a estar juntos: nadie más deseaba –ni podía– estar con ellos.

A voces gritaban a Cristo porque estaban sucios. Nosotros, por el contrario, podemos hablar al oído del Señor y escucharle en lo más íntimo. No porque estemos más limpios que aquellos leprosos, sino porque Él ha querido acercarse a nosotros. Este es el primer motivo de acción de gracias a Dios, que Cristo siempre está cerca y no solo no se aleja si fallamos, sino que se acerca aún más según la promesa de sus misericordiosas palabras: no tienen necesidad de médico los sanos, sino los enfermos.

2. Todo sacerdote tiene un lema que trata de describir los elementos fundamentales de su ministerio y de su vida. En el curso de aquel año, todos estaban intrigados por cómo conciliaría Nacho su amor por Dios y, todo hay que decirlo, por el fútbol. Lo descubrieron el día de su primera Misa, cuando anunció que su lema sería el *Sal* 115, 12-13: *¿Cómo pagaré al Señor todo el bien que me ha hecho? Alzaré la copa de la salvación invocando su nombre.*

Ante el asombro del público, explicó que en estas palabras se resumían algunos rasgos fundamentales de su vida. En primer lugar, la necesidad de dar gracias a Dios siempre y en todo porque Él nos quiere bien y nos lleva por sendas que, aunque en ocasiones parezcan dolorosas, son seguras.

En segundo lugar, añadió que eso de levantar la copa le recordaba los muchos triunfos de su equipo de fútbol pero, sobre todo (y mucho más importante), la victoria final de Cristo en su alma. Por ambas cosas daba gracias a Dios.

El agradecimiento es para todo creyente, al igual que para este sacerdote, un rasgo fundamental de la vida de fe. Como señala san Juan Crisóstomo, la mejor custodia de los beneficios recibidos consiste en tenerlos presentes y dar gracias por haberlos recibido. Así, no es ya cierto eso de que «todo Paraíso es un Paraíso perdido», sino que aprendemos a disfrutar en todo momento de los dones que Dios nos concede, del Paraíso en que vivimos hoy.

En las acciones de gracias encontramos, además, un motivo excelente para hacer un uso provechoso de nuestra memoria. Es lo que hizo la Virgen. Se trata de usar esta facultad que Dios nos ha dado para recordar los beneficios con que ha bendecido nuestra vida. Olvidarlos es una de las conductas que más reprueba el Señor, en el libro de los Salmos, al pueblo del Israel. Recordar lo bueno y dar muchas gracias a Dios no solo es una posibilidad, o un medio de mantener nuestra salud mental... ¡es una obligación!

Pienso en todo lo que hiciste por mí, Jesús, y en las personas que pusiste en mi camino, y me estremezco en una inmensa acción de gracias: ¡tanto y tan hermoso! Pienso que tú, que rezas con este libro, si eres sincero y miras tu pasado con los ojos de Dios, sin dificultad y con agradecimiento tendrás esta misma impresión.

3. Es particularmente significativo el último comentario que recoge el texto evangélico que meditamos hoy: *levántate, vete; tu fe te ha salvado*. La salvación auténtica, profunda y verdadera no es la referida a los miembros corporales, sino aquella otra que habla del alma; la fe en esta tierra y la bienaventuranza eterna por todos los siglos. Ganar el cielo –o, mejor dicho, recibir el cielo– es el objetivo primero y último, central, de nuestra vida.

Fíjate bien: lo que motivó la salvación del alma del leproso fue su humilde acción de gracias. Encontramos en este pasaje un nuevo motivo para incorporar a nuestra vida cotidiana la beneficiosa costumbre de ser agradecidos delante de Dios. Somos conscientes de que esta actitud agrada a Dios, multiplica los dones y nos lleva al cielo... Pero, sobre todo, entendemos o queremos entender que Nuestro Señor se merece un Gracias muy grande, mayúsculo, que sea el reconocimiento verbal y encendido de los hijos de Dios. Somos tan pobres que no tenemos otro modo de agradecerle la multitud de sus dones.

Aún cabe una última consideración. Observa la pregunta del Señor: *¿No ha vuelto más que este extranjero* *para dar gloria a Dios?* El corazón de Cristo es tan humano, que no es insensible al egoísmo y al desamor. Cristo desengañado ante la ingratitud de los hombres... y tú y yo deseando consolarle y demostrarle –también con obras– que nosotros, como el leproso, volvemos todos los días muchas veces para darle gracias.

TRIGESIMOSEGUNDA SEMANA. JUEVES

1. A Jesús no le gustan los espectáculos.
2. El final ya ha llegado, estamos en él.
3. El camino es la cruz.

1. En el evangelio de hoy, san Lucas, por primera vez en su relato, nos presenta a Jesús hablando abiertamente del final de este mundo. Lo hace a propósito de una pregunta de los fariseos acerca del tiempo que falta para la llegada del reino de Dios (cfr. *Lc* 17, 20). Como en tantas otras ocasiones, Jesús no responde a lo que le preguntan directamente, lo hará más tarde y en otros términos, sino que contesta hablando aparentemente de otra cosa. En lugar del momento de la llegada del reino les habla del modo en que sucederá: *el reino de Dios no viene aparatosamente* (*Lc* 17, 20). Ellos preguntan por el momento, Jesús les contesta que llegará sin estruendo, sin aparatosidad. Parece que de esta manera el Señor nos descubre la intención de la pregunta. Lo que mueve a los fariseos es la curiosidad. Le han oído hablar a Jesús del reino y de su cercanía, algo que identifican con el final prometido por Dios a su pueblo, un final de triunfo. La respuesta de Jesús es todo un jarro de agua fría para los curiosos, cuya curiosidad se alimenta de la promesa o la espera de grandes espectáculos y cosas extraordinarias. No, «el reino de Dios no es un espectáculo. Precisamente el espectáculo, muchas veces, es la caricatura del reino de Dios»[1], son palabras del Papa Francisco.

A Jesús parecen no gustarle los espectáculos, las cosas aparatosas, porque pueden distraer de lo esencial llevándonos por la senda de la curiosidad. Fíjate que es reacio a ofrecer detalles sobre los tiempos o la manera en que se producirá el final. Porque todo eso no es relevante. Lo relevante es que el reino de Dios llega, que hay un final para este mundo en que vivimos, y que ese final no hay que buscarlo en lugares remotos ni en tiempos inciertos, tampoco en secretos arcanos, ya está aquí: *mirad que el reino de Dios está en medio de vosotros* (*Lc* 17, 21).

2. Le preguntan cuándo llegará el reino y Jesús les contesta que ya está en medio de nosotros. El reino ha venido con Jesucristo, Él mismo es quien lo instaura e inaugura en la tierra. Es verdad que su manifestación plena no se dará hasta que llegue aquel día en que el Hijo del hombre aparezca de nuevo *como el fulgor del relámpago brilla de un extremo a otro del cielo* (*Lc* 17, 24). Mientras tanto, el reino está en medio de nosotros pero sin estruendo, discretamente en los corazones que siguen a Cristo por los caminos divinos de santidad que Él ha abierto en la tierra. Como señala el Papa Francisco: «Al contrario del espectáculo, [el reino de Dios]

---

[1] PAPA FRANCISCO, *Meditación* en la Domus Sanctae Marthae del 13-11-2014. Y lo que sigue.

está en la perseverancia de muchos cristianos que llevan adelante la familia: hombres, mujeres que se preocupan por sus hijos, que llegan a finales de mes con menos de un euro solamente, pero oran. Y el reino de Dios está allí, escondido en esa santidad de la vida cotidiana, esa santidad de todos los días».

¿Quieres encontrar el reino de Dios que está en medio de nosotros? No andes dando vueltas buscando aquí o allí, no vayas corriendo detrás de cualquier novedad o apariencia. No te dejes llevar por un espíritu de curiosidad o de novedad que busca cosas espectaculares o sensaciones intensas, allí no lo encontrarás. Tampoco en experiencias o formas de vivir las cosas de Dios, incluso los sacramentos, como si fueran espectáculos de los que me atrae su forma o lo que siento en ellos. Esa búsqueda de lo extravagante, de lo fuera de lo común, que a veces domina la búsqueda del reino en muchos cristianos, es un pasaporte a ninguna parte, una garantía de no encontrarlo. Pide a Dios vencer esa tentación de ir detrás de fuegos de artificio, brillantes un momento, pero que se apagan enseguida y te dejan en la oscuridad. Y busca el reino en la vida en Cristo escondida en Dios de la que nos habla san Pablo en su Carta a los Colosenses (cfr. *Col* 3, 3). Una vida que nace de tu bautismo, por el que has compartido la muerte de Cristo, y está llamada a brillar el día en que el Señor manifieste su gloria. Una vida que ya está en ti y que es el auténtico reino de Dios en medio del mundo. Una vida que has de cuidar porque es un don precioso. Pídele a Dios saber custodiarlo, algo que –en palabras del Papa Francisco– solo podrás hacer «silenciosamente, con la oración, la adoración y el servicio de la caridad».

3. El reino ya está en medio de nosotros, está en ti y en mí, en una vida que busca la santidad luchando cada día por corresponder al amor de Dios. Una vida escondida que pasa desapercibida a los ojos de los hombres pero no a los de Dios, y que solo al final cuando vuelva el Señor en gloria se manifestará en todo su esplendor. Y lo que media entre el momento presente, entre esta vida escondida que es como el grano de trigo, y la gloria definitiva es la cruz. El reino en la vida del cristiano, también en la tuya, pasa por la cruz. El reino pide de nosotros que muramos al pecado, a todo lo viejo, y busquemos los bienes del cielo. El reino incluye aquí en la tierra para nosotros la cruz, el dolor y el sufrimiento y, en último término, la muerte. Solo el camino de la cruz lleva al triunfo definitivo. Solo esta vida en Cristo escondida en Dios es la semilla que cae a tierra y se oculta para morir a sí misma y dar fruto abundante. Esfuérzate por seguir este camino, que es el de Cristo, y pídele morir a ti mismo, a todo lo que en ti pertenece a lo viejo y corrupto del pecado, para que se manifieste en tu vida el reino ya presente, y brilles en el día final con el resplandor que Jesús concede a sus santos.

TRIGESIMOSEGUNDA SEMANA. VIERNES

1. Noé y sus contemporáneos, Lot y Sodoma: dos imágenes para entender la etapa final de la historia.
2. Dar fruto entre la maleza.
3. La paradoja de la vida cristiana: perder para ganar.

1. Continúa Jesús en el evangelio de hoy con su discurso sobre cómo será el final de la historia. En particular nos enseña, a través de dos imágenes, algunas características de este tiempo final en el que nos encontramos, desde su venida en carne hasta su regreso en gloria. Las dos imágenes se refieren en el Antiguo Testamento a dos momentos de máximo desarrollo del pecado entre los hombres. El momento del diluvio, cuando Dios decide poner fin a las iniquidades de la humanidad, que había llegado a unos límites insoportables de perversión, guardando solo un resto con Noé y su familia para poder recomenzar la historia de la salvación con ellos a partir de una alianza nueva. Y la destrucción de Sodoma, de la que son librados Lot y su familia, a causa del pecado de sus habitantes. Se trata de dos momentos de máxima lejanía de Dios por parte de muchos, pero a la vez de una correspondencia a su voluntad por parte de otros –Noé y Lot– extraordinaria.

Si los días del Cristo, que en realidad son ya todos y cada uno hasta el final de la historia cuando vuelva en gloria y poder, se parecen a aquellos de tiempos de Noé y Lot (cfr. *Lc* 17, 26.28), no debe extrañarnos que suceda también en nuestro tiempo una extraordinaria proliferación del pecado y la impiedad. El recurso a Noé y Lot nos habla, en definitiva, de depravación moral y espiritual y de su presencia a lo largo de la historia de uno u otro modo. Por eso, que no te asuste descubrir entre nosotros la sombra del mal y sus diversas manifestaciones. No es nuevo, nada de esto es nuevo. El robo, asesinato, pillaje, adulterio, el mal uso de la sexualidad... todo estaba ya inventado, y todo eso acompaña nuestra historia. No te alarmes, Jesús ya lo sabía y por eso te advierte sobre ello.

2. Pero cuidado con pensar que Dios no hace nada ante el pecado, que da igual luchar por vivir de acuerdo a sus mandatos que dejarse llevar por las pasiones desordenadas y los vicios. Puede parecer que no pasa nada, que da igual, que, como en tiempo de Noé *comían, bebían, se casaban los hombres y las mujeres tomaban esposo* (*Lc* 17, 27), o en los días de Lot comían, *bebían, compraban, vendían, sembraban, construían* (*Lc* 17, 28) sin que nada pareciera hacer diferente una vida de pecado de una que busca la virtud. Hasta que Noé entró en el Arca, o Lot salió de la ciudad, entonces Dios destruyó a los pecadores (cfr. *Lc* 17, 27-29). No te dejes engañar por la apariencia, no es lo mismo y al final se pondrá de manifiesto.

Pero ¿hay que esperar al final de la historia para que se vea esa diferencia? ¿Hay que asumir que mientras tanto Dios permanece sin hacer nada? En absoluto. Dios hoy sigue al lado de los suyos, de los que le buscan, como estuvo al lado de Noé y de Lot. Dios quiere que en este tiempo los suyos den fruto y fruto abundante que se pueda recoger ya en el presente. Son frutos que crecen entre la maleza, porque maleza habrá hasta el final. Por eso, no te faltarán dificultades ni oposición, eso está asegurado, piensa que quizá ese ambiente algo hostil –o mucho– te ayudará a madurar mejor y dar más fruto. Como dice Shakespeare en su *Enrique V*: «La fresa crece bajo la ortiga, y los frutos más sabrosos progresan y maduran mejor en la vecindad de los de más grosera especie».

3. El camino para dar fruto, nos dice nuevamente Jesús, pasa por la cruz: *el que pretenda guardar su vida, la perderá; y el que la pierda, la recobrará* (*Lc* 17, 33). El mundo habla con frecuencia de autorrealización, de autodeterminación, señalándolo como el horizonte de la felicidad personal. Lo que Cristo te propone es lo contrario: la verdadera realización del ser humano no la encuentra este dentro de sí mismo, sino que ha de salir de sí para darse a los demás. Esta fue la convicción a la que llegó el gran teólogo Romano Guardini en un momento de su juventud cuando su fe se debilitaba y se topó con esta llamada de Jesús a perder la vida para salvarla. «Poco a poco me había ido quedando claro que existe una ley según la cual el hombre, cuando "conserva su alma", es decir, cuando permanece en sí mismo y acepta como válido únicamente lo que le parece evidente a primera vista, pierde lo esencial. Si, por el contrario, quiere alcanzar la verdad y en ella su auténtico yo, debe darse»[1].

Sin abandonarse, sin perderse, el hombre no puede encontrarse, no puede realizarse verdaderamente. Esta es la paradoja de la vida humana que pone de relieve Jesús con sus palabras. Pero ¿en qué dirección debe el hombre «perderse»? Eso se preguntó a continuación Guardini: «Dar mi alma, pero ¿a quién? ¿Quién puede pedírmela, pedírmela de tal modo que ya no sea yo quien pueda disponer de ella?». Solo Dios puede ser la respuesta. Únicamente perdiéndonos en Dios podemos encontrarnos verdaderamente a nosotros mismos. Solo abandonándonos en sus manos es como podemos salvar nuestra alma. Pero, no de manera abstracta, prosigue Guardini: «No simplemente "Dios", ya que, cuando el hombre pretende arreglárselas solo con Dios, dice "Dios" y está pensando en él mismo. Por eso tiene que existir una instancia objetiva que pueda sacar mi respuesta de los recovecos de mi autoafirmación. Pero solo existe una instancia así: la Iglesia católica, con su autoridad y precisión. La cuestión de conservar o entregar el alma se decide, en último término, no ante Dios, sino ante la Iglesia». La conclusión de Guardini es que Jesús únicamente está presente entre nosotros de modo concreto en su cuerpo, la Iglesia. Por eso, en la práctica, tu obediencia a la voluntad de Dios, la obediencia a Jesucristo, pasa por tu humilde adhesión y obediencia a tu madre la Iglesia. Pide a Jesús ser buen hijo de la Iglesia, es el único camino para ser buen hijo de Dios.

---

[1] R. GUARDINI, *Apuntes para una autobiografía*, Madrid 1992, pp. 89-90. También lo que sigue.

TRIGESIMOSEGUNDA SEMANA. SÁBADO

1. *La fuerza de Dios.*
2. *¿Y la fuerza del hombre?*
3. *Una omnipotencia suplicante.*

1. Es una constante en el Antiguo Testamento la manifestación del poder omnipotente de Dios desde la misma creación del mundo pero, especialmente, en la historia que Él va haciendo con su pueblo a lo largo de los siglos. Un poder que aparece especialmente terrible y arrollador cuando Dios defiende a Israel de sus enemigos. Los testimonios de tal fuerza y poder son incontables, basta acudir a los salmos, o la narración de la salida de Egipto bajo la guía de Moisés. Tampoco quedan atrás las hazañas de la conquista de la tierra o las innumerables veces en que Israel es salvado prodigiosamente del desastre. Pero quizá es el comienzo de esa historia en la creación donde se encuentra la mayor de las manifestaciones del poder divino: solo Dios puede crear.

Sobrecoge pensar en esta fuerza que Dios manifiesta en su creación y, particularmente, en el camino de salvación que Él mismo ha ido trazando a lo largo del tiempo. ¿Cómo no sentirse pequeño, diminuto, ante la grandeza de los prodigios realizados por Dios? Es incluso para espantarse de miedo… si lo tuviéramos enfrente como adversario o enemigo. Pero no olvides que en esa misma historia en que se manifiesta el poder soberano de Dios también se nos muestra un Dios amigo de los hombres que camina a su lado, hasta el punto de enviar a su Hijo querido para hacerse uno como nosotros y así llevarnos junto a Él. No tienes que temer entonces el poder de Dios, como no temes la fuerza y la inteligencia de un amigo, sino que te alegras de contar con la amistad de alguien con tales cualidades. Alégrate en la fuerza y la omnipotencia divinas porque son las de aquel que sale a tu encuentro brindándote su amistad y compañía. ¿No es motivo este para el consuelo en la tristeza y para la esperanza en medio de las dificultades? Que la meditación de estas maravillas de Dios te llene de confianza y seguridad en las promesas que Él te ha realizado y que ya empieza a cumplir.

2. Pensar en el poder divino –te lo decía antes un poco de pasada– lleva inevitablemente a caer en la cuenta de la propia pequeñez, algo que nos hace temblar interiormente. Es ese temor y temblor que en la Escritura describe lo que sucede en el alma cuando esta se asoma al misterio de Dios y su grandeza. Entonces, viendo una y otra realidad, la fuerza de Dios y la pequeñez del hombre, cabe preguntarse: ¿cuál es la fuerza de este último?, ¿cuál es el poder de los hombres? El Papa Francisco nos ofrece una respuesta mirando al evangelio de la misa de hoy, en el que una viuda pobre alcanza su propósito y logra con sus insistentes demandas que el juez le haga justicia: «[La fuerza del hombre] es la misma que testimonió la viuda de la que habla el Evangelio, quien llama continuamente a la puerta del juez. Llamar, pedir, lamentarse por tantos problemas, tantos dolores, y pedir al Señor la liberación de estos dolores, de estos pecados, de estos problemas. Esta es la fuerza del hombre, la oración»[1].

Tu fuerza es la fuerza de tu oración, porque con ella te acoges al poder de Dios pidiendo el auxilio divino para ti y aquellos por quienes rezas. Es verdad que sigues siendo una frágil y débil criatura, pero una criatura que tiene hilo directo con el Creador, alguien a quien Dios todopoderoso ha concedido ser siempre escuchado cuando llama suplicando. Esta es la fuerza de tu oración; descubrirla, además de asombro, te llenará de alegría y de gratitud hacia Dios. Por la oración, el Señor te ha ofrecido un medio por el que comparte contigo su poder ilimitado. Ojalá que estas consideraciones te ayuden a confiar más en la eficacia de la oración y ser más consciente de la necesidad de acudir a ella con frecuencia, cada día. En ella encuentras tu mejor arma para luchar en esas batallas de cada día por portarte como un buen hijo o hija de Dios.

3. Tienes todavía alguien que puede mostrarte, de una manera eminente, hasta dónde llega el poder de la oración, solo tienes que mirar a Santa María. En ella se da de un modo tan perfecto ese hacer como propio el poder divino que se la ha dado en llamar la omnipotencia suplicante. Lo explica de manera extraordinariamente lúcida san Alfonso María de Ligorio: «El Hijo es om-

---

[1] PAPA FRANCISCO, *Meditación* en la Domus Sanctae Marthae del 16-11-2013.

nipotente por naturaleza, la Madre es omnipotente por gracia, y en tal modo es verdad de cuanto pide la Madre nada le niega el Hijo, como le fue revelado a santa Brígida, la cual entendió que Jesús, hablando un día con su Madre, le dijo así: «Madre mía, ya sabes cuánto te amo, pídeme cuanto quieras, pues, sea lo que fuera, tus ruegos no pueden ser desoídos; y es delicada la razón que alega: Madre, cuando vivías en la tierra, nada te negaste de hacer por amor mío, ahora que estamos en el cielo es razón que yo nada me niegue a hacer de lo que tú quieres». Se llama, pues, omnipotente María en el modo que puede entenderse una criatura, la cual no es capaz de un atributo divino. Así Ella es omnipotente porque con sus ruegos puede cuanto quiere»[2].

María con su oración lo puede todo, por eso te conviene ir a ella para que interceda por ti ante su hijo, como hizo en Caná de Galilea por aquellos novios que se veían en un apuro grande en la celebración de sus bodas. Ve siempre a la Virgen y preséntale tu oración con la confianza de saber que no quedarás defraudado. Hazlo como quieras, con un Avemaría, hablando simplemente con ella con tus palabras, todos estos caminos son buenos para ir a tu madre del cielo. Sin embargo, te propongo uno especialmente indicado para confiarle a María aquello que te preocupa especialmente o para poner en sus manos a una persona que sabes que necesita de su ayuda, se trata de una breve y venerable oración compuesta por san Bernardo: el Acordaos. Ojalá la aprendas de memoria y la uses con frecuencia:

---

[2] San Alfonso María de Ligorio, *Glorias de María,* cap. 6.

Acordaos, ¡oh piadosísima Virgen María!, que jamás se ha oído decir que ninguno de los que han acudido a vuestra protección, implorando vuestro auxilio, haya sido desamparado.

Animado por esta confianza, a Vos acudo, Madre, Virgen de las vírgenes, y gimiendo bajo el peso de mis pecados me atrevo a comparecer ante Vos.

Madre de Dios, no desechéis mis súplicas, antes bien, escuchadlas y acogedlas benignamente. Amén.

TRIGESIMOTERCER DOMINGO. CICLO A

1. Orientarse hacia la vida eterna.

2. Utilidad de lo que hemos recibido.

3. Hay muchas maneras de enterrar los talentos.

1. Recuerdo haber escuchado de un sacerdote una historia muy curiosa que le sucedió al comienzo de su misión en Kazajistán. Era el primer entierro de un fiel católico, en este caso una mujer, al que asistía como sacerdote en aquella lejana tierra. En el momento de dar sepultura a la difunta, uno de los que se hallaban presentes preguntó hacia dónde debían orientar la cabeza. La pregunta le resultó extraña, pero por lo visto es algo de suma importancia en aquella cultura y que tiene su repercusión de cara a la vida venidera. Una de las hijas resolvió que, como era católica, lo lógico es que mirara a Roma, cosa que convenció a todos y finalmente se llevó a cabo. Aquellas gentes piensan que la orientación del cadáver es relevante para la vida futura, lo cual ciertamente no sabemos si tiene mucha razón de ser. Pero lo que parece fuera de toda duda es que lo que sí influye verdaderamente y de manera decisiva en la vida eterna es la orientación que se dé a la propia vida mientras se camina por la tierra. Al menos esto es lo que se deduce de la parábola que Jesús cuenta hoy en el evangelio para hablarnos nuevamente de cómo será el final de la vida terrena y lo que nos cabe esperar tras ella.

Estas consideraciones que hacemos al comenzar nuestra oración de hoy no tienen como fin infundir temor en el alma, como tampoco buscaba eso el Señor al contar esta parábola a sus discípulos. De hecho, de los tres siervos a quienes el hombre que se va de viaje –que representa a Jesucristo mismo– encomienda cinco, dos y un talento respectivamente, es precisamente aquel que se deja llevar por el miedo el que resulta mal parado al final. Lo que pretende el Señor con esta parábola es que tomes conciencia de lo decisivo que es de cara a la vida eterna, la tuya y la de los que te rodean, el que te tomes en serio aprovechar el tiempo y los dones que se te han concedido en la tierra y orientes tu existencia hacia la vida definitiva. ¡Ojalá esta convicción eche raíz profunda en tu alma!

2. El talento era una moneda romana de gran valor y, debido a la popularidad de este pasaje del evangelio, ha quedado reservada en el lenguaje común para designar las cualidades personales más destacadas y valiosas. Y, ciertamente, podemos identificar, en un primer sentido, los talentos de la parábola con las dotes humanas que recibimos al ser creados por Dios. El mismo hecho de reconocerlos como dones de Dios supone situarse del modo adecuado ante los mismos: son un regalo inmerecido por el que hay que dar gracias al Creador. Y, por eso, son tuyos pero no de un modo absoluto, te han sido dados para algo: para que den fruto y se multipliquen. Esto puedes aprender de los dos primeros siervos: *El* *que recibió cinco talentos fue enseguida a negociar con ellos y ganó otros cinco. El que recibió dos hizo lo mismo y ganó otros dos (Mt 25, 16-17).*

Quizá pase por tu mente una pregunta: ¿Qué significa negociar con los talentos recibidos?, ¿de qué manera han de ser puestos en acción? Fijarte en el siervo que enterró su talento y pensar en el significado de su acción puede aclararte algo esta cuestión. Dice san Gregorio Magno sobre el sentido de lo que hace este siervo: «Enterrar el talento que se ha recibido quiere decir el ocupar el ingenio recibido en asuntos puramente terrenales, el no buscar el lucro espiritual y el no levantar jamás el corazón de los pensamientos terrenos. Pues hay algunos que recibieron el don de la inteligencia y, sin embargo, solo se interesan por las cosas carnales. De estos dice el profeta: *Son sabios para obrar el mal, ignorantes para el bien (Jr 4, 22)*»[1].

Piensa si tus talentos humanos los empleas solo para fines mundanos, si solo usas de ellos para lograr una buena carrera profesional, una buena consideración social o cualquier otra cosa semejante. Porque, si es así, puedes tener la certeza de que estás enterrando esos dones recibidos de Dios pues solo miran a la tierra y, por eso mismo, no te servirán para el cielo. Busca que tus mejores cualidades puedan servir, no solo a ti, sino a Dios y a sus obras en la tierra, y a los demás.

3. Como te decía antes de pasada, el hombre que se va de viaje y da los talentos a sus siervos representa a Cristo. Por eso, los talentos no solo hay que verlos como

---

[1] San Gregorio Magno, *Homilías sobre los evangelios*, 9, 1.

las cualidades humanas con las que nos adorna el Creador, sino que también significan los dones espirituales que nos ofrece Jesús: la gracia, el evangelio, los sacramentos, la oración… Todas las riquezas espirituales que Cristo te ha confiado para que se multipliquen y den fruto en tu vida, esto representan también los talentos de la parábola.

Enterrar estos dones e impedir que den fruto es, evidentemente, un acto de ingratitud hacia el Señor y una grave irresponsabilidad. Y los enterramos cuando nos dejamos llevar por prejuicios o por respetos humanos en lugar de mantenernos firmes en nuestras convicciones y en las exigencias morales y sociales de nuestra fe. Cuando anteponemos la comodidad, la fama, la posición o cualquier otra cosa mundana a la fidelidad que reclama de nosotros el evangelio. Y además de la ingratitud y la injusticia que supone obrar así, no pases por alto la tristeza en el alma que comporta.

Por eso pídele a Jesús que no permita que esto te suceda; que te ayude siempre a vencer la tentación de enterrarte, es decir, de mirar solo a lo terreno y no al cielo. Así, poniendo en juego los dones naturales y los de la gracia que has recibido de Él, podrás esperar dar fruto abundante y con ello –no lo dudes– tendrás también la alegría que la fecundidad trae al corazón.

TRIGESIMOTERCER DOMINGO. CICLO B

1. *San Miguel se ocupa del pueblo de Dios*
en tiempos difíciles.
2. *Oración de León XIII a san Miguel.*
3. *Todo esto ocurrirá antes de que pase esta generación.*

1. ¿Quién como Dios? ¿Quién podrá compararse a Él? Uno lo intentó y experimentó el sinsabor de su propio fracaso. Satanás y algunos otros ángeles, llevados por el atractivo de la soberbia, se enfrentaron virulentamente al Dios Altísimo. Recibieron el castigo en su propia caída, mostrándonos así qué poco es una criatura sin su Creador. Desde entonces, los diablos mantienen abierta una batalla contra el Señor y contra sus elegidos. En ella, tienen un duro oponente: el arcángel san Miguel. Su nombre, como en el caso de todos los ángeles, indica su propia misión. Miguel, en hebreo, significa «Quién como Dios» o, lo que es lo mismo, nadie como Dios.

Los ángeles tuvieron la ocasión de ejercer su libertad para amar o para odiar a Dios. El grito del demonio fue un diáfano *Non serviam!*: ¡no quiero servir al Señor! A esta rebeldía espiritual y terrible se opuso la obediencia y luminosidad de otros muchos ángeles que dijeron justamente lo contrario: *Serviam!*, ¡serviré!

Algunos teólogos antiguos afirman que lo que hizo caer a Satanás fue la noticia de que el Verbo de Dios se iba a encarnar, que el Hijo de Dios se haría hombre. Tal novedad generó en ellos una envidia mayúscula a los hombres, y un desprecio inefable a un Dios que quiere hacerse pobre y débil. Por eso, Satanás y los suyos debieron de considerar que ellos eran más grandes que Dios. Tomaron la determinación de intentar sobrepasarlo y vivir de espaldas a Él. Se equivocaron. En su inmensa inteligencia no comprendieron los planes de Dios. Pero las decisiones angélicas, puesto que son espíritus puros, tienen carácter permanente, de modo que su negativa a Dios se tradujo en su eterna condenación. Igualmente, la afirmación de san Miguel y la mayoría de ángeles se convirtió en el premio de la intimidad con el Amor de Dios. Entendieron que sin Él es imposible siquiera existir.

La lucha entre el diablo y san Miguel –no puede el tentador acercarse a Dios, pero no quiere Dios anular su libertad– dura en el tiempo hasta la vuelta del Señor para el Juicio Universal. De su papel en este último nos habla precisamente la primera lectura de hoy. San Miguel se ocupa del pueblo de Dios en los tiempos difíciles. En la portada de la maravillosa catedral de Notrê-Dame, en París, podemos distinguir al arcángel pesando las almas en una balanza. Las de los salvados son más, y por eso la báscula está inclinada de su lado: son como pequeños angelitos que suben al cielo. Al mismo tiempo, un maléfico demonio presiona en la balanza deseoso de hacer caer en la ignominia del infierno a toda alma de todo tiempo. Tú acude a san Miguel para que la gracia de Dios alumbre nuestra sociedad y el espíritu de los hombres.

2. Se dice que en octubre de 1884, el papa León XIII experimentó una visión horrible. Después de celebrar la Eucaristía, mientras estaba tratando sobre ciertos temas con sus cardenales en la capilla privada del Vaticano, se detuvo al pie del altar y quedó sumido en una realidad que solo él veía. Su rostro tenía expresión de horror y de impacto. Fue palideciendo notablemente. Había visto algo muy duro. De repente, se incorporó, levantó su mano como saludando y se fue a su estudio privado.

Los que estaban con él le siguieron y le preguntaron: «¿Qué le sucede, Santidad? ¿Se siente mal?». Él respondió: «¡Oh, qué imágenes tan terribles se me ha permitido ver y escuchar!», y se encerró en su oficina[1].

¿Qué había visto León XIII? «Vi demonios y oí sus crujidos, sus blasfemias, sus burlas. Oí la espeluznante voz de Satanás desafiando a Dios, diciendo que él podía destruir la Iglesia y llevar todo el mundo al infierno si se le daba suficiente tiempo y poder. Satanás pidió permiso a Dios de tener 100 años para poder influenciar al mundo como nunca antes había podido hacerlo». También comprendió León XIII que, si el demonio no lograba cumplir su propósito en el tiempo permitido, sufriría una derrota humillante. Vio a san Miguel Arcángel aparecer y lanzar a Satanás y sus legiones en el abismo del infierno.

---

[1] La descripción del suceso está tomada de http://www.aciprensa.com/Oracion/angeles17.htm.

Cuando llevaba media hora en su despacho, llamó al Secretario para la Congregación de Ritos. Le entregó una hoja y le ordenó que la enviara a todos los obispos del mundo, indicando que bajo mandato tenía que ser recitada, después de cada misa, la oración que ahí había escrito.

Esa oración, que todavía hoy recitan muchos sacerdotes, y que tú puedes adoptar también, reza así:

«San Miguel Arcángel, defiéndenos en el combate contra las maldades e insidias del demonio. Sé nuestra ayuda, te rogamos suplicantes. ¡Que el Señor nos lo conceda! Y tú, príncipe de las milicias celestiales, arroja en el infierno, con el poder que te viene de Dios, a Satanás y a los demás espíritus malignos que andan por el mundo tratando de perder a las almas».

3. La descripción terrible que recoge el evangelio de hoy explica que habrá una gran tribulación, con el sol hecho tinieblas y la luna sin su resplandor, las estrellas cayendo y los astros tambaleándose. Este anuncio tiene, al menos, dos significados.

En primer lugar, puede referirse a la lucha que actualmente (hoy) se lleva a cabo en cada conciencia, en cada familia, en cada sociedad, en todo el mundo. Es la batalla entre la luz y la tiniebla, el bien y el mal, la gracia y el pecado. Satanás trabaja duro por perder a las almas mientras Dios y su Iglesia tratan de iluminar las conciencias por los sacramentos y la doctrina. Por supuesto que no se trata de una batalla de igual a igual, pero ciertamente se trata de una guerra en toda regla. Por eso, Jesús dice que *no pasará esta generación sin que todos estos signos se cumplan*, porque son signos que simbólicamente hacen referencia a la lucha –a veces, muchas veces, violenta– contra el pecado.

Ahora bien, la palabra generación puede referirse a toda la generación humana, desde el inicio de los tiempos hasta el final. En este caso, el sentido de las palabras de Cristo podría ser literal. Jesús hablaría de los signos externos que acompañarán al final de los tiempos: catástrofes y acontecimientos terribles que califican el fin de la historia.

En uno y otro sentido, la respuesta creyente más acabada está consignada en las preciosas palabras del Salmo: *protégeme, Dios mío, que me refugio en ti.*

Sí; protégenos, porque eres nuestro refugio. Guárdanos en la batalla contra Satanás y en nuestra lucha contra el pecado. Deseamos no ofenderte. Ayúdanos por mediación de tu arcángel san Miguel. Ten misericordia de nosotros. Prepáranos un sitio en tu reino de luz y condúcenos a él. Llévanos junto a ti con la ayuda de la Virgen y el ministerio de tus ángeles.

TRIGESIMOTERCER DOMINGO. CICLO C

1. Cristo asegura vehementemente una cosa: las dificultades.

2. ¿Cómo aspiras a ser santo si no hay obstáculos?

3. ¡Sacerdotes!, ni siquiera la nieve os frena. Ser perseverantes.

1. En el mundo crecerán juntos el trigo y la cizaña. Siempre. O mejor dicho: hasta el final de los tiempos. Mientras el mundo sea este mundo, transido por el pecado y pendiente de la recapitulación final de Cristo. Buenos y malos pisarán la misma tierra; pecado y gracia, vicio y virtud, mal y bien. Juntos.

En la primera lectura de la misa de hoy se nos habla justamente del día en que dejará de atronar esa distorsión horrenda –el pecado– que perturba la armonía del cosmos. Malaquías anuncia el día en que, ardiente como un horno, llegará por fin la justicia de Dios. Los que fueron pecado arderán como paja, y Dios rescatará a los justos.

Tal profecía era conocida por los contemporáneos de Jesús. Algunos tomaban pie de esta y otras para predecir un próximo fin del mundo. Aún hoy aparecen agoreros que anuncian precipitadamente la apocatástasis final. ¿Y qué hay de todo eso?, ¿habrá que hacerles caso?

La recapitulación última vendrá precedida de unos signos que aparecen en diversos lugares de las Escrituras. No obstante, Jesús nos exhorta en el evangelio de hoy a no hacer cálculos ni cábalas, sino a mantenernos serenos ante los acontecimientos.

Cristo no nos dio una receta mediante la cual, asegurados todos los ingredientes, pudiéramos afirmar con seguridad absoluta que el fin del mundo ya está aquí. Ahora bien, lo que Jesús sí se empeñó en dejar claro es que en el mundo tendremos dificultades; algunas muy grandes y, en cualquier caso, muchas.

No promete Jesús un camino fácil. Para nada. Quizá por eso es tan atractivo. Y es que a poco que hayamos caminado en la vida, pronto nos habremos dado cuenta de que la capacidad de querer se ensancha de un modo excepcional cuando aprendemos a sufrir.

2. Algo más de quince chicos y chicas volvían después de sus días de convivencia en Turín. Habían visitado la tumba de san Juan Bosco, rezado allí y recibiendo charlas sobre su vida y enseñanza. Hasta habían visto una película.

Montserrat, con sus dieciséis años, pelo ideal y ganas de comerse el mundo, se había percatado del asunto. Siempre tan observadora. Y se lo dijo al sacerdote: «usted nos ha traído aquí para que nos convirtamos a fondo y seamos santos, como los primeros niños a los que trató san Juan Bosco, ¿verdad?».

Don Mariano le confesó que ese era su objetivo oculto: que el santo hiciera maravillas con ellos. Montse, algo descaradamente, contestó: «¿Y usted espera ser santo como don Bosco? Sin embargo, no sé si lo tiene fácil, porque es tarea imposible llegar a su santidad sin pasar por sus dificultades: no tenía dinero, era pobre, le persiguieron las autoridad eclesiásticas y civiles, ¡y mil tribulaciones más! Si así se forjó el santo... ¿cómo espera hacerlo usted?».

No solo san Juan Bosco, sino también cada uno de nosotros, si esperamos vivir del todo por amor y del todo para el amor... es necesario que abracemos con resolución el madero de la contradicción.

Es más, conviene que nos convenzamos de que no se es feliz a pesar de las dificultades, sino a través de las dificultades. Cristo anuncia un montón de ellas en el evangelio de hoy. Algunas, durísimas. ¿Y...?

En 1967, durante una meditación, san Josemaría aclaraba: «Os puedo decir que, en los años que llevo trabajando por Jesucristo, apenas recuerdo algún día en que no haya tenido que sufrir por Jesucristo y por su Obra»[1]. Es algo que, con mucha probabilidad, podrían afirmar todos y cada uno de los santos.

Resuena entonces consoladora, dulce, la palabra del Señor: *Pero ni un cabello de vuestra cabeza perecerá: con vuestra perseverancia salvaréis vuestras almas* (*Lc* 21, 19).

3. Roma nevada es un espectáculo tan bello... como intransitable. Los servicios de autobuses se suspenden, los túneles del metro se inundan, algunos se congelan, se altera el servicio hasta dejarlo inservible... y la ciudad queda ideal para su contemplación, inútil para el resto.

---

[1] J. J. IRIARTE (dir.), *Un personaje por descubrir*, Madrid 2001, 37.

Los copos comenzaron a caer sobre las 10 de la mañana. A la una, hora convenida para ir a comer, la calle era una alfombra blanca. Dos sacerdotes, como cada día, cubrían el trecho que les separaba de su habitual lugar de almuerzo. Mojados por la nieve, que no dejaba de caer, pisar seguro era una odisea. Los habituales agujeros de la calzada romana quedaban ocultados bajo un manto blanco. Era imposible no meter un pie charco tras charco. A todo esto, ni un alma en la calle. ¿Dónde quedaban los turistas?, ¿y los romanos?

Cuando salieron de comer, el espectáculo era más desolador. Decidieron, no obstante, volver al lugar de trabajo. Los dos sacerdotes eran aguerridos y venían de países donde la nieve no paraliza una nación entera.

Cubrieron el trecho con dificultad. Nuevamente, nadie en la calle. Algo alteró su marcha. Al entrar en una pequeña calle que une *campo di Fiori* con *piazza Farnese*, un grito se oyó desde un bar cercano. Era un camarero, que exclamaba en romanaccio: *Pretti, neanche la neve vi ferma!!!*, que viene a significar «¡Sacerdotes!, ¡¡ánimo!! ¡¡¡ni siquiera la nieve os hace parar!!!».

Sería estupendo si nuestros amigos y vecinos pudieran tener esa misma sensación de nosotros mismos. Las dificultades no nos frenan; al contrario, nos espolean en el seguimiento de Cristo.

Lo ha dicho Jesús: *con vuestra perseverancia salvaréis vuestras almas* (*Lc* 21, 19). Para perseverar es fundamental mantenerse firme en los compromisos adquiridos; ser hombres y mujeres capaces de dar su palabra, porque la cumplen. Pelear en el trabajo, pelear en el deporte, pelear por las virtudes, ¡pelear en esta batalla de bien!... para ganar algunas veces, perder muchas otras y siempre, siempre, recomenzar.

Haciendo silencio será más fácil nuestro examen de conciencia. ¿Soy constante, como Jesús quiere, en mis propósitos de vida interior y caridad?

TRIGESIMOTERCERA SEMANA. LUNES

1. Pedir a Jesús que nos dé la vista.
2. A veces nos ciegan las pasiones.
3. ... o nuestros pecados.

1. El encuentro de Jesús a las afueras de Jericó con aquel ciego que estaba pidiendo limosna al borde del camino, que nos narra hoy san Lucas, sucede inmediatamente después de que el Señor haya anunciado por tercera vez a sus íntimos –a los Doce– lo que le aguarda en Jerusalén: *mirad, estamos subiendo a Jerusalén y se cumplirá en el Hijo del hombre todo lo escrito por los profetas, pues será entregado a los gentiles y será escarnecido, insultado y escupido, y después de azotarlo lo matarán, y al tercer día resucitará* (*Lc* 18, 31-33). Y de nuevo el anuncio de Jesús se topa con la incapacidad de los apóstoles para comprender el significado de sus palabras; dice san Lucas que *no entendieron nada de esto, este lenguaje era misterioso para ellos* (*Lc* 18, 34).

Si el ciego del camino no puede ver físicamente su camino, los apóstoles tienen cegado su entendimiento para comprender el desenlace a que lleva el camino de Jesús hacia Jerusalén, y que el mismo Cristo les anuncia con insistencia. A ti y a mí también nos sucede, no siempre entendemos el significado de seguir a Jesús, a veces se nos oculta cuál es su voluntad sobre nosotros, y estamos como el ciego, al borde del camino necesitados de quien nos devuelva la vista. Y para ello, lo primero es desear ver. El ciego aquel deseaba con toda su alma recuperar la vista. Por eso, en cuanto oye que Jesús se acerca, no para de llamarlo a gritos: *¡Jesús, hijo de David, ten compasión de mí!* (*Lc* 18, 38). Nada le desaniman los que le increpan para que se calle, él grita con más fuerza aún y su deseo se hace cada vez más grande y ardoroso.

Fíjate en el grito del ciego, que no puede ver pero que sí es capaz de reconocer a Jesús como el Mesías, el hijo de David, al que pide compasión. El ciego ve con los ojos del alma guiados por la fe. También tienes tú en esos ojos y en la misma fe una guía para dirigirte a Jesús cuando no veas con claridad. Como el ciego, primero desea ver con toda el alma, y llevado por tu fe pídele al Señor que te haga ver.

2. La causa de nuestra ceguera para ver las cosas puede ser de muy diverso tipo. Solo un ejemplo nos basta para darnos cuenta de ello. Se dice a veces de alguien que está cegado por el amor. Les pasa a las madres con sus hijos muy frecuentemente al pasar por alto defectos de estos que son, en cambio, patentes para quien trata con ellos. También los enamorados, a veces, no reparan en cosas obvias para los demás o, si reparan en ellas, las ven de un modo del todo diferente: lo que para todos son unas orejas dignas de un elfo, el enamorado bien puede ver en ellas un detalle gracioso que da personalidad al rostro.

La pasión por algo nos puede cegar para ver con claridad. Sucede en todo orden de cosas. No se ve igual un penalti en el área del propio equipo que en la del contrario. Nuestros afectos y sentimientos influyen en nuestra capacidad para ver las cosas y juzgarlas. Es un hecho. Pero no quiere decir que para ver claro haya que convertirse en una especie de autómata sin sentimientos o que no seamos entonces capaces de conocer y juzgar las cosas rectamente, como si tales afectos hicieran imposible para nosotros un acceso veraz a la realidad. Más bien, estas consideraciones deben llevarnos a tener más humildad hacia nuestros juicios y no considerarlos inamovibles y definitivos, sino estar dispuestos a escuchar otros puntos de vista que pueden iluminar lo que permanece oscuro para nuestra conciencia. La humildad es camino para ver con claridad y evitar la ceguera de nuestras pasiones y afectos.

3. Pero no todo lo que puede nublar nuestro juicio es esencialmente positivo, como lo son el amor, los afectos y los sentimientos, cuando todos ellos son ordenados. También nos ciega el pecado, y esta es la ceguera más peligrosa. Nuestros pecados, además del daño que nos causan y que causan a los demás, tienen un efecto nocivo en nuestra voluntad y en nuestro entendimiento. Nuestros pecados dañan nuestra voluntad inclinándola hacia el mal y haciéndonos más frágiles frente a la tentación. Ya la concupiscencia, que es esa inclinación derivada del pecado original que nos arrastra hacia el mal, nos afecta en este sentido. Habrás tenido la experiencia de cómo un pecado parece empujar a otro, y este al siguiente, así como un alud de nieve. Pero dañan también la capacidad para ver las cosas, para juzgarlas con rectitud. A veces, si somos honestos, no vemos algo o no lo entendemos en el fondo porque reconocerlo denuncia nuestra actitud o nuestros actos. El pecado busca no solo reinar en ti y en tu vida, sino justificarse, hacerlo con carta de legitimidad, como algo aceptable. Esto lo has experimentado, seguro; empiezas por quitar hierro a algo, por sugerirte que es de exagerados, que no está tan mal... Si no luchas por vivir como piensas, terminarás pensando como vives. Si no luchas con decisión contra tus pecados, estos irán cegando tu conciencia hasta que no los veas. Pero eso no querrá decir que no estén y que no te hagan daño.

Jesús te ha dado la vista, con la gracia del bautismo, para que reconozcas el camino de santidad a que te llama. Piensa qué vas a hacer con esa vista que te ha dado. El ciego de Jericó en cuanto recobró la vista *lo seguía, glorificando a Dios* (*Lc* 18, 43). Seguir al maestro es la manera de no perderla, de mantener viva la fe que nos hace ver de veras con claridad cuál es nuestro camino. No te despegues de quien es la luz, sin ella quedamos sin remedio en la oscuridad; y a oscuras es imposible ver.

TRIGESIMOTERCERA SEMANA. MARTES

1. Zaqueo o la curiosidad extraordinariamente premiada.
2. Hospedarme en tu casa.
3. En manos de Dios: la moral es la sencillez del corazón.

1. Los publicanos eran «lo peor, lo más inmoral que podía encontrarse, y Zaqueo era su jefe»[1]. Para la oración de hoy tomaremos como pie un breve escrito de Giancarlo Giojelli sobre el encuentro de Jesús con Zaqueo. «Lucas lo describe como *"bajo de estatura"*. La muchedumbre lo tapa con facilidad y, evidentemente, nadie le hace el favor de apartarse. Zaqueo tenía a su favor una sola cosa, una increíble curiosidad; se moría literalmente de ganas de ver a Jesús, sin saber muy bien por qué. Pero tenía que verlo a cualquier precio, aun a costa de hacer el ridículo».

Trataba de ver quién era Jesús –escribe Lucas–, *pero no lo lograba a causa del gentío* (*Lc* 19, 2). «El

---

[1] Para esto y lo que sigue: http://www.huellas-cl.com/articoli/mar02/elpequeno.htm; que retoco levemente a la luz del texto original italiano: http://www.tracce.it/default.asp?id=266&id2=205&id_n=5655.

cuadro descrito en el evangelio se anima: Zaqueo lo intenta, se mueve, pero no hay nada que hacer. Entonces corre veloz y ágil y, trepando, se sube a un árbol, "una higuera", precisa Lucas. Higueras como aquellas existen todavía en Jericó, altas, frondosas, con muchas ramas que nacen de la parte baja del tronco: es muy fácil subirse. Sabía que Jesús tenía que pasar por allí.

El evangelio no se detiene a describir lo que experimentaba Zaqueo en aquel momento. Curiosidad, ciertamente, quizá un confuso sentido de culpa por una vida que no era demasiado ejemplar, quizá la intuición de que algo podía suceder, algo verdaderamente nuevo. Quizá, quién sabe. ¡Se decían tantas cosas de ese nazareno! Pero el evangelio se limita a los hechos.

Jesús llega y enseguida levanta la mirada, ve al rico, al publicano, al impuro, al jefe de la mafia, subido a una rama. Una escena quizá un poco ridícula, un poco patética, pero seguramente en aquel momento eran pocos los que se reían. Aquel hombrecillo era malo y pecador, y había robado a muchos pobres. Hay un cruce de miradas; la de Jesús, a la que la gente seguía con el aliento suspendido pensando: "Quién sabe lo que dirá ahora…". Esa mirada que solo los discípulos conocían bien y que siempre señalaba que iba a suceder algo, algo inesperado, pero que no podía ser más que "aquello"».

Es necesario que hoy me quede en tu casa (*Lc* 19, 5). La respuesta de Cristo sobrepasa infinitamente el anhelo más profundo del corazón de Zaqueo y de cada una de nuestras almas. Cristo en nuestra casa, Jesús en nuestras vidas; hoy y ahora en tu alma en gracia. Lo hemos meditado tantas veces… y aún no ha calado en nuestra vida. Piensa, en el día de hoy, ¿cuántas veces me he subido a la higuera para mirar a Jesús que pasa a mi lado?, ¿cuántas veces he levantado mi corazón al Cielo?

2. Hay un cruce de miradas. Tres. La de Cristo, que repara en lo más estrambótico de una escena nada común: un hombre adulto, pequeño y delincuente, pecador, que se ha subido a una higuera. «La mirada de Zaqueo: "Me ha visto, y ¿ahora?". La mirada alzada de la muchedumbre: "Pero mira dónde se ha ido a fijar..., ¡seguramente, Jesús sabe de quién se trata, qué tipo de persona está subida en la higuera!"».

Léelo muchas veces. Gusta y saborea una vez más las palabras de Cristo. Hospedarme en tu casa. Lucas las transcribe fielmente, «porque debieron de quedar impresas en el corazón de los apóstoles. Palabras inesperadas para todos: para los discípulos, para la gente, ¡imaginemos para Zaqueo! "Zaqueo, baja enseguida, porque hoy tengo que alojarme en tu casa"».

Lo que sucede a continuación es tan sorprendente que el mismo evangelista no puede evitar contarnos «el tumulto de sentimientos que se desencadena: "Zaqueo bajó enseguida, y lo recibió muy contento"».

¿Y la gente? La multitud murmura. Son los mismos que pocos minutos antes intentaban hacer callar al ciego al borde del camino. Si lo del inoportuno lisiado ya fue mucho, esto parece demasiado. ¡Un publicano! ¡Un mafioso! ¡Un pecador!

«Zaqueo, mientras tanto, debía de haberse puesto de rodillas, o quizá se había caído al suelo al bajar del árbol, porque el evangelio dice que "se puso en pie" y, rápidamente, le dice a Jesús lo primero que le viene a la cabeza, y es algo enorme para él que había hecho del dinero, de la astucia y del fraude su verdadero dios: "Mira, la mitad de mis bienes, Señor, se la doy a los pobres; y si de alguno me he aprovechado, le restituiré cuatro veces más". Era mucho más de lo que prescribían las leyes judaica y romana.

»Jesús le respondió, evidentemente hablando también para la muchedumbre: "Hoy ha sido la salvación de esta casa; también este es hijo de Abrahán. Porque el Hijo del Hombre ha venido a buscar y a salvar lo que estaba perdido"». Ojalá logremos tú y yo acudir siempre al Señor como Zaqueo: descubriendo su perdón. Poniéndonos en pie, si hemos caído, sin desánimo, sin inquietud, con la firme conciencia de que Jesús nos perdona. Lo hace Él, no porque vayamos a ser impecables a partir de entonces, sino porque nos quiere. ¡Qué lección la de Zaqueo!

3. La grandeza de alma del pecador Zaqueo dilata nuestros corazones, ahora como entonces. En Jesús, en ese Tú que nos llama tiernamente por nuestro nombre, hemos encontrado la posibilidad de una vida más grande, el Paraíso. «La moral se convierte entonces en algo mucho más sencillo que seguir reglas imposibles».

«Como dice don Giussani –fundador del movimiento Comunión y Liberación–, la moral "es la sencillez del corazón" (…). Zaqueo fue alcanzado por la misericordia cuando se había subido al árbol para ver a Jesús. En ninguna parte del evangelio se nos dice que Zaqueo dejara de pelearse con su mujer. Dice que ofreció a los pobres la mitad de sus bienes. ¡Algo tenía que haber; si no, no hubiese cambiado nada! Es la sencillez de tu corazón, porque tu salvación no depende de otros, sino de Otro. Y la relación con ese Otro está definida por la palabra "sencillez", o "pobreza de espíritu", o "ser como un niño"».

«Y a los niños –concluye admirablemente Giojelly–, todo el mundo lo sabe, les vuelve locos subirse a los árboles».

TRIGESIMOTERCERA SEMANA.
MIÉRCOLES

1. Dios pone en nuestras manos dones maravillosos.
2. Vencer el miedo a caer para que no nos bloquee.
3. Condenado, ¿por no hacer nada?

1. El evangelio de hoy nos presenta la parábola de las minas que san Lucas relata en su capítulo diecinueve. Es muy semejante a la parábola de los talentos de san Mateo, pero hay también notables diferencias entre ellas. San Lucas nos revela al comienzo cuál es el motivo de que Jesús diga esta parábola: *estaba cerca de Jerusalén y pensaban que el reino de Dios iba a manifestarse enseguida (Lc 19, 11)*. Por eso parece que hay que interpretar que Jesús, al hablar de ese hombre noble que marcha a un país lejano para conseguir el título de rey y regresar después (cfr. *Lc* 19, 12), se refiere a sí mismo. Él ha de morir, resucitar, ascender al cielo y más tarde volver como juez poderoso para establecer definitivamente el reino de Dios. Los diez siervos que reciben las diez minas de oro cada uno para negociar mientras vuelve, representa a todos y cada uno de nosotros en el tiempo que media hasta su regreso.

El señor confía a cada uno de los diez siervos diez minas de oro. Los números y las medidas, como sucede siempre en la Escritura, no están elegidos al azar, sino que encierran un significado. La mina era una medida de peso de la antigüedad que equivalía a 100 dracmas, es decir, al salario de tres meses de un empleado especializado medio. No es, por tanto, desde el punto de vista cuantitativo una cantidad astronómica, pero tampoco es desdeñable. El diez es un número que significa un orden completo. El Señor deja a todos los hombres, representados en los diez siervos, todo lo necesario para su salvación, eso representan las diez minas de oro. Por eso, todos reciben lo mismo, porque no le faltará nunca al hombre la gracia necesaria para el «negocio de su salvación», Dios por su muerte y resurrección la ha ofrecido a todos los que la quieran recibir.

Así pues, Jesucristo te ha confiado los dones necesarios para la salvación, como se los confió a sus discípulos. Son dones maravillosos: su palabra, la gracia, los sacramentos… Te los ha dado para que «negocies», para que –literalmente en el griego original– «te ocupes personalmente de ellos y hagas que den fruto».

2. Al regresar, el Señor pide cuentas de lo que confió a sus siervos. Estos van presentándose y entregan lo que recibieron con el rendimiento que han logrado durante el tiempo en que estuvo ausente el rey. Pero hay uno que se presenta únicamente con la mina que recibió, la cual ha tenido todo ese tiempo guardada en un pañuelo por miedo a perderla (cfr. *Lc* 19, 20-21). El miedo a perder lo que recibió le ha atenazado de tal manera que no ha hecho nada con lo recibido, ha quedado paralizado todo ese tiempo. Ese miedo es en el fondo el miedo al fracaso, en especial, el miedo a los riesgos del amor y de la entrega. Y, como señala el Papa Francisco, «el miedo a los riesgos del amor nos bloquea. Jesús no nos pide que conservemos su gracia en una caja fuerte. Jesús no nos pide esto, sino más bien quiere que la usemos en beneficio de los demás. Todos los bienes que hemos recibido son para darlos a los demás, y así crecen»[1].

Para negociar bien nuestra vida debemos entonces vencer el temor a caer, a fracasar. Hay que asumir riesgos. Lo cual no significa ser temerario. Dice santo Tomás Moro: «El hombre fuerte aguanta y resiste los golpes, el insensato ni los siente siquiera. Solo un loco no teme las heridas, mientras que el prudente no permite que el miedo al sufrimiento le separe jamás de una conducta noble y santa. Sería escapar de unos dolores de poca monta para ir a caer en otros mucho más dolorosos y amargos»[2]. Pídele a Dios esa fortaleza y esa prudencia para vencer el miedo. No entierres lo que has recibido de Dios, no lo escondas dentro de un pañuelo por temor a no dar la talla o a meter la pata. Si caes, pide perdón y ayuda, levántate y sigue adelante.

3. Muchas veces, los niños, y los no ya tan niños, se defienden ante una reprimenda con un airado «¡Si no he hecho nada!». Quizá al último criado del evangelio se le pudo pasar por la cabeza lo mismo al escuchar las palabras condenatorias de su señor. Más cuando los otros condenados sí han obrado positivamente en contra del rey. Pero la respuesta a ese «¡Si no he hecho nada!» irrita

---

[1] Papa Francisco, *Angelus,* 16-11-2014.

[2] Santo Tomás Moro, *La agonía de Cristo*, cap. I.

aún más al que se ve condenado: «precisamente por eso, por no hacer nada eres condenado». Por eso es condenado, por no negociar, por dejarse vencer por el miedo a caer y permanecer de ese modo encerrado en sí mismo con los dones que recibió de su amo guardados en un pañuelo.

Además, si observas detenidamente la respuesta del siervo holgazán, te darás cuenta de que en ella hay un reproche al señor, a quien hace responsable por su extrema exigencia de que no haya hecho nada con lo que recibió de él. En efecto, le dice el siervo a su señor: aquí está tu mina; *la he tenido guardada en un pañuelo, porque tenía miedo, pues eres un hombre exigente que retiras lo que no has depositado y siegas lo que no has sembrado* (*Lc* 19, 20-21). El siervo quiere convertir su juicio por su gestión en un juicio al señor por su supuesta exigencia desmesurada. Es propio del pecado en general y del perezoso en particular: buscar otro a quien culpar y, en último término, culpar a Dios mismo. Es este un pecado no menos grave que la tibieza. El mundo moderno parece haberlo hecho suyo cuando no pocas veces se vuelve hacia Dios desde su increencia con un reproche. Escarmienta con el ejemplo de este criado y no busques excusas cuando metas la pata. Sé sencillo y humilde, es el único camino para recuperarse de una caída y volver al camino que puede hacerte feliz.

También a ti y a mí, Jesús nos pedirá cuentas de aquello que pone en nuestras manos. No vayamos pensando en disculpas y excusas, y esforcémonos por hacer rendir los dones recibidos. ¡Ojalá podamos presentarnos ante Él habiendo negociado bien! Y le presentemos el incremento en la forma de nuestra santidad y buenas obras y del apostolado.

TRIGESIMOTERCERA SEMANA. JUEVES

1. Cristo lloró también por nuestra infidelidad.
2. El cielo: deseo y realidad.
3. Las trincheras del remordimiento malo.

1. Jesús se acerca a Jerusalén. Ha curado al ciego y ha sanado a Zaqueo. Con palabras esclarecedoras, ha explicado que juzgará a los hombres según un criterio claro: hacer rendir los talentos.

De Jericó a Jerusalén hay una jornada de camino. Él y sus discípulos han caminado todo el día. Han hablado de sus cosas, han compartido sus pensamientos más íntimos. Sin embargo, se respira una cierta tensión que resulta patente al observador. El Señor está preocupado, silencioso, recogido. Sabe lo que le espera. Dialoga, como siempre, con su Padre Dios, y ofrece nuevamente su vida por la salvación de los hombres. Los discípulos lo perciben y nosotros también deseamos asomarnos a este misterio, porque queremos que nuestra vida se conduzca por las mismas sendas por las que transitó el alma de nuestro Redentor, Jesucristo.

Llegado a lo alto de la montaña, Cristo divisa en la lejanía la ciudad de Jerusalén. El templo, sus muros, la ciudad fortificada y la belleza de las construcciones recién acabadas. El esplendor de la ciudad santa ante los ojos del Dios que la eligió.

Ante semejante espectáculo, el Señor no puede reprimir su angustia. El contraste entre la entrega de su vida de Dios hombre y la incapacidad del pueblo para creer le causa fatiga y sufrimiento. Su alma rebosa en dolor de amor y las palabras brotan de su boca: *¡Si reconocieras tú también en este día lo que conduce a la paz! Pero ahora está escondido a tus ojos. Pues vendrán días sobre ti en que tus enemigos te rodearán de trincheras, te sitiarán, apretarán el cerco de todos lados, te arrasarán con tus hijos dentro y no dejarán piedra sobre piedra. Porque no reconociste el tiempo de tu visita* (*Lc* 19, 42-44).

«Yo no niego –afirma uno de los padres de la Iglesia– que aquella Jerusalén fuese destruida por los pecados de sus habitantes; pero pregunto si estas lágrimas han sido vertidas también sobre vuestra Jerusalén. Cuando alguno peca después de participar de los misterios de la verdad, se llorará por él; pero no por ningún gentil, sino solo por aquel que perteneció a Jerusalén y después la abandonó»[1].

Es verdad: Cristo lloró porque Jerusalén sería destruida por los romanos a causa de su impiedad pocos años más tarde. El Señor lloró también por las almas de los creyentes que un día le amaron y al siguiente le abandonaron como consecuencia de su comodidad, su

---

[1] *Catena Aurea In Lucam*, 19, 41-44.

pereza, su sensualidad o su incapacidad de resistir la presión del ambiente.

Cristo lloró y nosotros queremos alegrarle ofreciéndole un regalo que Él mismo nos da: la fidelidad.

2. Estamos en el mes de noviembre, dedicado tradicionalmente a la meditación de las verdades eternas. Durante estos días hemos rezado considerando el juicio de Dios y las condiciones para salvarnos, así como la belleza del cielo y la cruda realidad de infierno.

Ser creyente significa poner la mirada en las cosas altas y, en último término, en la redención de nuestra alma y la consecución de nuestro deseo más íntimo, que consiste en ver a Dios por toda la eternidad. Ser cristiano comporta, qué duda cabe, un deseo grande de cielo. Por eso, es muy sano fijar nuestra vista en Dios y en sus cosas, para soportar así con paciencia las incomodidades e injusticias de la vida. ¡Qué me irás a dar, Señor, cuando ni siquiera los mayores santos se han atrevido a describir una felicidad tan grande!

Los hombres que se abandonan a los bienes presentes huyen de pensar en la muerte y el futuro. No quieren turbar con esas consideraciones sus pequeñas alegrías temporales. Y, sobre todo, no quieren mirar el rostro de Jesús, apenado por su conducta. «Nuestro Redentor –afirma san Gregorio– no cesa de llorar por sus escogidos cuando ve caer en el mal a los que poseían la virtud; porque si estos conociesen la condenación que les espera, se llorarían a sí mismos con las lágrimas de los escogidos»[2].

---

[2] *Ibídem.*

Nosotros, en cambio, que aspiramos a disfrutar de la eterna alegría, haremos muy bien en considerar lo que nos espera en el cielo. Esta meditación nos ayudará a ser felices cada día, cada instante, haya poco o haya mucho sufrimiento. Con los ojos en el cielo, como decía aquel chaval, hay que vivir a tope, sabiendo que la felicidad del Cielo será continuación –y plenitud– de nuestra felicidad terrena.

3. Paciencia. Igual que los enemigos asediaban Jerusalén para hacerla caer, «los espíritus malignos asedian el alma… La inquietan con el engaño del deleite; la rodean de trincheras». ¿Cuáles son esos fosos donde el enemigo se hace fuerte para hacernos caer?

San Gregorio nos advierte de una muy peligrosa trampa. Habla de las trincheras del remordimiento malo; aquel que trae a la memoria los pecados cometidos en la juventud o la ignominia de una falta especialmente vergonzante. Hubo un día en que nos confesamos de esas infidelidades graves, pero el demonio gusta de traerlas una y otra vez a la memoria para llevar al alma a la dura senda de la desesperación. «Estrechan el alma por todas partes poniéndole a la vista la iniquidad, no solo de sus obras, sino también de sus palabras y de sus pensamientos; para que, así como antes se había solazado tanto en la maldad, sienta en su última hora la angustia que merece su pago».

El Señor conoce todas estas cosas y aun otras que permanecen ocultas a tus ojos. Por eso, no desesperes jamás a causa de tus pecados. Sería como poner la confianza en ti mismo, creyendo que has de hallar la salvación por tus propias fuerzas, siempre débiles… ¿No es Dios quien perdona? ¿No es Él quien ha muerto por ti en la Cruz, conociéndote como te conoce, sabiendo todo de ti? ¡Deja de darle vueltas! Confía en Él, pide perdón y estate seguro de que te perdona. Cuando estaba prisionero en la Torre de Londres, pasando su personal Getsemaní, escribió sir Thomas More que, para quien se ocupa de las cosas de Dios, abandonarse a la tristeza es como desesperar de Dios.

Confía en Él, y encontrarás la alegría. El Señor siempre está dispuesto a visitar el alma de quien se siente culpable y manifestarle de mil modos la inmensidad de su misericordia. De entre todos, uno excepcional, aunque ordinario: la confesión bien hecha, que nos recuerda que todo pecado perdonado ha de ser necesariamente un pecado olvidado.

TRIGESIMOTERCERA SEMANA. VIERNES

1. Jesús se indigna al ver cómo se comportaban en el templo, ¿qué diría de cómo nos portamos nosotros en las iglesias?
2. Otro nivel de lectura: el pecado hace del alma una cueva de bandidos.
3. Pecados de debilidad y pecados de maldad.

1. Después de lamentarse por Jerusalén y entrar en ella, Jesús se dirige al templo. Es lógico que vaya al lugar que para los judíos representa los pies de Dios sobre la tierra, su presencia en medio de ellos. Es semejante a cuando lo primero que hacemos al llegar a una iglesia es ir al sagrario a saludar al Señor, es gesto de piedad y amor a Dios, que Jesús quiere tener y del que nos ofrece también su ejemplo para que aprendamos. Pero al entrar ve una escena que le sobrecoge, te la puedes imaginar: todos hablando –gritando casi–, comprando y vendiendo animales para los sacrificios, alguna conversación torpe incluso... Su reacción es inmediata, el celo por la casa de su padre le consume y ante tal escena *se puso a echar a los vendedores diciéndoles: «escrito está: "mi casa será casa de oración"; pero vosotros la habéis hecho una cueva de bandidos»* (*Lc* 19, 45).

Jesús manifiesta aprecio por el templo, casa de su Padre, casa para la oración y el encuentro con Él. Le duele ver en lo que se ha convertido, sufre ante el desprecio, probablemente inconsciente en la mayoría, que hacen de Él. Pues si esa es la consideración de Jesús ante el templo de la antigua alianza y la presencia de Dios en él, ¿cómo debemos nosotros considerar y tratar la presencia real de Dios en la Eucaristía que custodian nuestros sagrarios?

Piensa cómo te comportas en las iglesias, cómo tratas a Jesús, que se ha quedado para ti en el tabernáculo. ¿Vas en primer lugar a saludarle con una genuflexión bien hecha y una palabra en tu corazón cuando llegas?, ¿evitas tener conversaciones con otras personas por respeto a Jesús? No es tontería, es cosa de amor y de fe. Si Jesús sufre y se enoja ante lo que ve en el templo, es por el amor a su Padre. Si tú no sufres con lo mismo que Jesús, quizá es porque andas poco vibrante en tu amor a Dios. Cuida estos detalles, pues es cuidar tu trato y tu amor a Cristo.

2. Hay otro nivel de interpretación de las palabras de Jesús, un sentido espiritual de las mismas. El templo de Dios es, por el bautismo, tu alma en gracia. Él habita en ti si no lo echas por el pecado mortal. Por eso bien puedes entender que la cueva de bandidos es tu alma cuando domina en ella el pecado.

El pecado puede dominarte por diversas causas, la primera y quizá más frecuente es la flaqueza o debilidad. Pero que sea esa la causa no exime de culpa, aunque es verdad que los pecados de debilidad son objeto de mayor comprensión, y aquellos sometidos a ellos mueven a compasión más que a otra cosa. Hay muchos ejemplos que ilustran este pecado de debilidad, uno especialmente representativo es el de Fedor Karamazov delineado por Dostoyevski en su novela *Los hermanos Karamazov*. Fedor, el padre de los hermanos que dan título a la novela, tiene tres hijos de dos matrimonios y un cuarto ilegítimo del que se rumorea es también progenitor. Está sumido en el alcohol y se deja llevar por la sensualidad sin ningún freno, es también avaro y oportunista. Querría ser de otro modo, conserva la noción de bondad y de santidad, inclinándose ante ella cuando la reconoce en otros, pero carece de voluntad para enderezarse. A sus más de cincuenta años se ve preso de la esclavitud de sus debilidades.

Lucha contra esos pecados de debilidad porque de lo contrario irán conquistando cada vez más terreno, y cada vez te será más difícil resistirte a ellos. No abuses de la compasión a que mueve la debilidad de quien cae por esta causa y pide a Dios la ayuda necesaria para luchar eficazmente. No lo dejes para mañana, empieza hoy la lucha. Los hilos que te atan hoy pueden mañana transformarse en sogas, y las sogas en cadenas, si no pones tu lucha decidida. Eres débil, pero recuerda que, como san Pablo, en Cristo eres fuerte, te basta su gracia para desequilibrar el combate y vencer (cfr. *2 Co* 12, 1-10).

3. Pero hay causas más graves que la flaqueza por las que el pecado puede dominarnos, se trata entonces de pecados de verdadera maldad que nos hacen del todo solidarios con la corrupción. Son pecados que no nacen de unas pasiones desbocadas que te arrastran hacia abajo, sino de un rechazo de Dios y del camino que nos propone a sabiendas. El ejemplo de esto, ya que hemos hablado de los hermanos Karamazov, lo tienes en el segundo hermano, Iván. Es un ateo racionalista, atormentado por la idea de lo religioso, que manipula a su hermanastro Smerdiakov a sabiendas de que puede terminar cometiendo un crimen. Y lo más grave, se da cuenta de que la religión cristiana es un ideal elevado, pero piensa que es demasiado difícil y busca reducirlo a una idea de felicidad colectiva. Esta es su falta mayor, la misma que narra el poema del Gran Inquisidor dentro del libro: conocer que seguir a Cristo es la verdad pero engañar al pueblo cerrando para este el camino de la santidad. ¿Te suena? Es el pecado de los sumos sacerdotes y los escribas que escuchaban a Jesús enseñar en el templo y buscan acabar con Él (cfr. *Lc* 19, 47). Ellos guardan las formas, pero su culpa es incomparablemente mayor que la de los mercaderes del templo cuyo pecado es fruto de su avaricia.

Examina tu conciencia para ver si no hay cosas que has pactado con el enemigo, cosas en las que te solidarizas con el pecado no por debilidad, sino por cálculo, oportunidad o cinismo. Y sobre todo piensa si por alguna de tus faltas puedes escandalizar a otros cerrándoles las puertas de encontrar a Jesús y seguirle. Esa es la culpa más grande de Iván, la que no mueve a compasión como en el caso de su padre, sino la que enciende la ira santa de Aquel que cuida de los más pequeños.

TRIGESIMOTERCERA SEMANA. SÁBADO

1. Algunos solo buscan arrimar el ascua a su sardina.

2. Volvamos a mirar al cielo.

3. Para entender algo más de la alegría del cielo ayuda también pensar en los padecimientos de la condenación.

1. Saduceos y fariseos disputaban por cosas muy diversas y estaban notoriamente enfrentados por sus posiciones en materia religiosa y política. Curiosamente, solo se unieron al final para acabar con Jesús. Hoy en el evangelio le preguntan los saduceos por la resurrección, en la que ellos no creen. La respuesta de Jesús es clara y meridiana: la resurrección está en el corazón de nuestra esperanza futura. La contestación tajante de Cristo arranca de algunos escribas una aprobación: *Bien dicho, Maestro* (*Lc* 20, 39). Pero su aprobación, y el reconocimiento de maestro que hacen, no es sino un modo de alegrarse y hacer suyo el varapalo que acaba de dar Jesús a los saduceos y a su postura sobre la resurrección. No supone para ellos una ocasión de iniciar el camino de la fe porque solo buscan en las palabras de Jesús un apoyo para sus posturas frente a sus adversarios.

Hoy también sucede con muchos que se acercan solo a Jesús y a sus palabras cuando les conviene. No es infrecuente que personas que se declaran no creyentes recurran a Cristo o al evangelio para echar a otros en cara su conducta, o para justificar la suya. Ciertamente, este modo cínico de acercarse al Señor hace imposible alcanzar de verdad una relación con Él que lleve a abrazar o profundizar en la fe. Quizá te pueda parecer que es algo propio únicamente de posturas abiertamente cínicas o de gente sin fe. Sin embargo, también sus discípulos podemos caer, aunque más discretamente, en algo semejante. Por eso conviene que te preguntes si buscas a Jesús y su enseñanza en su totalidad o, por el contrario, haces compartimentos estancos y solo te acercas a aquello que te gusta, te es favorable o no inquieta tu comodidad. No busques en el evangelio una justificación o algo que tranquilice tu conciencia, deja más bien que la vida que bulle en él te contagie y te despierte a un seguimiento más fiel y radical de Cristo.

2. Pero dirijamos nuestra meditación hacia el cielo, hacia la vida eterna, que es de lo que nos habla hoy el Señor, de aquello que es objeto de nuestra esperanza. En una ocasión, un niño me dijo, respondiendo a la pregunta de si quería ir al cielo, que claro que quería ir, pero que mejor dentro de mucho, después de jugar todo lo que quisiera, porque debía ser aburrido. No sé qué imaginaría aquel muchacho que era el cielo, si lo imaginaba como una reunión de personas mayores. Desde luego, lo que escucharía del cielo con ocasión de la muerte de algún familiar o de la catequesis, eso de ver a Dios, descansar, encontrar la paz, etc., no le debía de parecer un plan del todo apetecible.

Es verdad que tenemos una dificultad fundamental para entender el cielo: este trasciende por completo la realidad que conocemos. La vida eterna no es sin más una vida que no se acaba. La eternidad no es simplemente la ausencia de tiempo, sino que es lo propio de Dios. La eternidad es un rasgo del modo propio de existencia de Dios. Por eso la vida eterna que gozaremos con la resurrección no es una vuelta a lo que ya conocemos, sino que anuncia una vida nueva, semejante a la que tenemos, porque es un reflejo de la vida de Dios, pero esencialmente diferente. Por eso nos cuesta tanto pensar en el cielo y en la vida eterna, porque *ni el ojo vio, ni el oído oyó, ni el hombre puede pensar lo que Dios ha preparado para los que lo aman* (*1 Co* 2, 9). Tenemos que fiarnos entonces de que es algo maravilloso que no podemos ni imaginar. No es una confianza sin fundamento o ciega, confiamos porque Dios nos ha dado sobradas pruebas de su bondad con lo que nos regala en la tierra. Si son tan maravillosos sus dones en esta vida y nos alegran de tal manera, ¿cómo no serán sus dones definitivos en el cielo?

3. Pero todavía podemos intentar conocer algo más sobre el gozo del cielo que alimente nuestro deseo de poseerlo. Una dificultad, derivada de la que antes hemos considerado, para poder imaginar el gozo y la alegría del cielo es que aquí en la tierra nuestro disfrute está, generalmente, ligado a actos de movimiento. Esto es, generalmente nuestro disfrute se produce en actos que partiendo de un deseo o falta de algo que no tenemos nos llevan hasta el objeto deseado. Este tipo de actos no existen en el cielo. El goce de la vida eterna es gozo por un acto que no parte de una carencia o deseo, sino que consiste en la visión de Dios. Es un acto perfecto que consiste en la posesión del bien, la verdad y la belleza.

La comparación con el infierno, la suerte de los condenados, nos puede ayudar a aclararnos algo. Nuestra felicidad terrena, siempre imperfecta, la alcanzamos por medio de las virtudes y los dones de Dios al realizar actos imperfectos que nos llevan del deseo a su cumplimiento parcial, se mueve en esa tensión entre el deseo de más y la alegría de lo alcanzado. Entonces la condenación podemos imaginarla como un «todavía no y nunca nada», un no alcanzar nada y no llegar a nada que deja vacío nuestro infinito deseo del corazón, que solo en Dios puede encontrar su satisfacción. Frente a eso, el cielo, la visión de Dios, la posesión de un bien y una belleza tales que nuestro deseo se ve colmado por completo, de manera que ya no puede desear más, ni otra cosa. Es difícil de imaginar porque en la tierra nunca tenemos la experiencia de ver colmado nuestro deseo que apunta siempre a Dios.

Hoy sábado alcemos la vista y miremos al cielo, e ilusionémonos con lo que Cristo nos ha prometido. Nos anima a ello de manera especial saber que ya lo ha realizado en su madre la Virgen. Mirarla a ella en el cielo gozando ya en cuerpo y alma de la bienaventuranza eterna es causa de alegría y de esperanza para sus hijos.

TRIGESIMOCUARTO DOMINGO. CICLO A.
JESUCRISTO REY DEL UNIVERSO

1. Perdón hasta el final.
2. El reinado de Cristo es amor y misericordia.
3. No estamos solos en la tarea de amar.

1. El 20 de julio de 1936, milicianos comunistas y anarquistas de la CNT apresaron a toda la comunidad claretiana de Barbastro. Estaba compuesta por nueve sacerdotes, doce hermanos y treinta y nueve estudiantes. Fueron trasladados al colegio de los escolapios, que se convirtió en una cárcel improvisada para ellos.

Durante el mes que estuvieron sin libertad antes de encontrar la muerte por el martirio, sus enemigos intentaron por todos los medios hacerles renegar de su fe. La presión psicológica era fortísima: cada día pesaba la amenaza de poder ser el último. «Esta será vuestra última comida», les dijeron en una ocasión. Además, trataban de tentarlos con burdas insinuaciones, tales como invitar a prostitutas a que se pasearan delante de ellos.

Solo buscaban satisfacer su odio a la fe mediante la renuncia de los religiosos. La medida más dura emprendida contra estos jóvenes claretianos fue una orden recibida del alto mando miliciano. Por todos los medios tenían que impedir dos cosas: no debían permitir que rezaran ni recibieran el Santísimo Sacramento.

Es sorprendente ver cómo los enemigos de Dios saben a la perfección que el mejor modo de estrangular la fe de un creyente es el ayuno de oración y eucaristía. Pero más sorprendente aún es experimentar cómo los hijos de Dios, los cristianos, no acabamos de darnos cuenta de lo que valen estos dos inmensos tesoros.

El demonio busca mil y un modos para que no recemos. Podríamos decir que está encantado con nuestra falta de oración. Se frota las manos viendo que eres capaz de trabajar doce horas y rezar cero. O lo que es peor: de gastar una media de 3 o 4 horas de redes sociales y no llegar ni al misterio del rosario.

Con más razón podríamos argumentar en relación a la Eucaristía. ¿Misa?, los domingos, y porque es obligatorio. Está bien cumplir pero... ¿te parece suficiente? Considera, antes de dar una respuesta, las palabras escritas por el seminarista Faustino Pérez en un envoltorio de papel de chocolate, poco antes de recibir la muerte. Te ayudarán a buscar una generosa dimensión a tu respuesta.

«Agosto 12 de 1936, en Barbastro. Seis de nuestros compañeros son ya mártires: pronto esperamos serlo nosotros también. Pero antes queremos hacer constar que morimos perdonando a los que nos quitan la vida y ofreciéndola por la ordenación cristiana del mundo obrero, el reinado definitivo de la Iglesia católica, por nuestra querida Congregación y por nuestras familias. ¡La ofrenda última a la Congregación de sus hijos mártires!».

2. En los mártires de Barbastro, como en el caso de todos los mártires, hallamos la auténtica dimensión del reinado de Cristo: el perdón y la misericordia.

Hoy celebramos una de las más grandes fiestas del año litúrgico: Cristo Rey. En los hombres y mujeres que dieron su sangre por Dios encontramos expresado un modo concreto de vivir la caridad hasta el extremo: el perdón al enemigo. Así es como reina Cristo.

Nosotros, que no nos desenvolvemos habitualmente en medios tan agresivos, también podemos traer el reinado de Cristo a nuestros ambientes. El programa para llevarlo a cabo está consignado en el evangelio de hoy. En él, Jesús nos advierte de dos circunstancias.

La primera es que practicar la caridad con el necesitado es atenderle a Él mismo. Existe una singular continuidad entre el pobre, el enfermo, el hambriento y el que sufre... con Cristo mismo. Aquí hay una idea que debería ser motor de toda existencia cristiana. El pobre es Cristo en la cruz.

En un sentido aún más amplio, podemos añadir que los amigos también son para mí Cristo, no solo cuando me cansan o me cargan... sino en toda circunstancia y momento. Tratar a los demás con la delicadeza que desearíamos tratar a Jesús y a la Virgen. En los demás se verifica el criterio ya expresado por san Juan en su carta: si dices que amas a Dios, a quien no ves, y no amas a tu hermano, al que sí ves, dices mentira (cfr. *1 Jn* 4, 20).

El segundo elemento que conviene no olvidar es que el ejercicio de la caridad es la asignatura fundamental para el examen final. El juicio último, que llevarán nuestras vidas a la gloria eterna o a la condenación eterna, se juega en el campo de batalla del amor a Dios y al prójimo.

Ese día, como afirma el Papa Francisco, «no tendremos títulos, créditos o privilegios que excusar. El Señor nos reconocerá si a nuestra vez nosotros lo habremos reconocido en el pobre, en el hambriento, en los indigentes y marginados, en quien sufre y está solo... Este es uno de los criterios fundamentales para la verificación de nuestra vida cristiana, con el que Jesús nos invita a medirnos cada día»[1].

3. La última consideración en nuestro diario rato de oración consiste en pensar por qué nos cuesta tanto ver a Jesús en el prójimo. La teoría está muy bien, la conocemos. Alguno, incluso, podría recitar el capítulo 25 de Mateo casi de memoria pero... ¿de verdad somos capaces de caer en la cuenta de que el otro merece toda mi caridad porque es Jesús para mí?

En el salmo de la misa de hoy escuchamos que el Señor es nuestro pastor; Él nos conduce a lugares tranquilos, Él repara nuestras fuerzas. Dejémosle hacerlo. Demos a Dios la oportunidad de acompañarnos durante toda la jornada, todos nuestros días. Así podremos llegar a conocer las razones últimas de nuestro actuar, también en relación al prójimo. Pero ¿cómo podremos conseguir estar siempre cerca de Dios para conocerle bien y conocernos mejor? Déjame darte a este respecto algunos consejos.

Nos ayudará la llamada «oración continua». Traigo dos modos a tu consideración. El primero consiste en la repetición de frases de la Escritura que tengan especial

---

[1] PAPA FRANCISCO, *Catequesis La Iglesia. Nueva alianza. Nuevo Pueblo.*

significado para ti. Es muy útil traerlas a la memoria andando por la calle, durante el descanso o incluso en los parones del trabajo. La misma respuesta al salmo que citaba más arriba puede ser una ayuda inestimable si la repetimos decenas de veces al día: *El Señor es mi pastor, nada me falta.*

Otro modo de oración continua es el rezo de oraciones vocales. Un *Ave María,* otro *Padrenuestro,* un *Bendita sea tu pureza...* Eso, además de la cotidiana oración de ofrecer el día, bendecir la mesa, rezar antes de dormir, el *ángelus,* el *rosario...*

Mediante este conjunto de oraciones, el alma se eleva continuamente a Dios y es más sencilla la caridad. No estamos solos en la tarea de amar. Basta que lo tengamos en cuenta.

TRIGESIMOCUARTO DOMINGO. CICLO B. JESUCRISTO REY DEL UNIVERSO

1. Mi agradecimiento es mi fidelidad.
2. El reinado de Cristo es pobreza y desnudez.
3. El poder de Cristo Rey.

1. De entre todos los evangelistas, ninguno como Mateo reconoció la realeza de Cristo. Al menos, eso le pareció a Ruperto de Deutz a finales del siglo XI cuando afirmaba: «Mateo es el evangelista que nos muestra a Cristo Rey por su familia y por sus actos»[1]. Celebramos hoy esta solemnidad con la que termina el año litúrgico. El próximo domingo será el primero del nuevo año: el primer domingo de Adviento.

«Desde el principio –continúa Ruperto– dice en su obra *Libro de la genealogía de Jesucristo, Hijo de Dios* (*Mt* 1, 1). Seguidamente narra cómo el recién nacido es adorado por los Magos con el título de rey de los judíos; después, entretejiendo todo el resto de su narración de gestos reales y de parábolas del reino; al final acaba con

---

[1] RUPERTO DE DEUTZ, *Las obras del Santo Espíritu*, IV, 14.

estas palabras dichas por este rey ya coronado con la gloria de la resurrección: *Me ha sido dado toda potestad en el cielo y en la tierra* (28, 18). Si examinas con atención todo el conjunto de su redacción, reconocerás que en toda ella se respiran los misterios del Reino de Dios. Nada de extraño hay en todo ello. Mateo había sido publicano, se acordaba de haber sido llamado del servicio público del reino del pecado a la libertad del Reino de Dios, del Reino de la justicia. Un hombre que no quiso ser ingrato para con el Gran Rey que le había liberado, sirvió fielmente las leyes de su Reino»[2].

Tampoco nosotros queremos resultar ingratos a los ojos de Dios. Meditemos el evangelio de hoy en silencio, con reverencia. Léelo despacio. Desea que el Espíritu Santo mueva tu corazón al agradecimiento más sincero a Dios Nuestro Señor.

Deseo, Señor, agradarte con mi fidelidad. Que estés contento conmigo, Jesús. Estás delante de Pilato. El pómulo morado por la bofetada de un sirviente. Tu alma en angustia –sabe lo que le espera– y tu corazón, solo. Escasos minutos de pasión han bastado para saber de la fuga de los tuyos y de la triple negación de quien hacía cabeza, tu amigo Pedro, el príncipe de los apóstoles. Una pregunta; una condena: ¿Eres tú el rey de los judíos?

Ya sabes cómo sigue la escena. «Está para pronunciarse la sentencia. Pilato se burla: *ecce rex vester!* (*Jn* XIX, l4). Los pontífices responden enfurecidos: no tenemos rey, sino a César (*Jn* XIX, l5). Señor!, ¿dónde están tus amigos?, ¿dónde, tus súbditos? Te han dejado. Es

---

[2] *Ibídem*.

una desbandada que dura veinte siglos... Huimos todos de la Cruz, de tu Santa Cruz.

Sangre, congoja, soledad y una insaciable hambre de almas... son el cortejo de tu realeza»[3].

Es ahora cuando me pienso muy mucho –porque sé que no soy suficientemente valiente– si puedo decirte en mi oración que yo también quiero reinar contigo. Me da miedo siquiera pensarlo, porque bien conozco lo que significa ser tu amigo: en sangre, en congoja, en soledad, en hambre... pero también en Amor, gozo, descanso, paz.

2. Oportunidades como estas es mejor no dejarlas pasar. Antonio había comenzado a dar clases en la escuela pública y pronto los directores de departamento le sugirieron la participación en un pequeño simposio organizado por la Unión Europea. Hasta aquí puede sonar aburrido. Si añadimos que la reunión tendría lugar en Estocolmo con todos los gastos pagados, la cosa mejora mucho. Otro profesor le cubriría el puesto. No lo dudó.

Las sesiones de carácter teórico se desarrollarían durante el jueves y el viernes, mientras que las de índole práctica y los grupos de trabajo tendrían lugar el lunes y el martes. El sábado era un día de excursión y el domingo, libre. Antonio aprovechó para ir a Misa. Volvió muy sorprendido.

El sueco no era su fuerte, de modo que no entendió ni una palabra. Ahora bien, la Misa estaba especialmente dirigida para niños y era –como hoy– la fiesta de Cristo Rey. El sacerdote en la homilía mostró a los fieles

---

[3] S. Josemaría, *Via Crucis* I, 4.

un trono real de madera que tenía oculto tras el ambón, una corona preciosa, un cetro de oro y unos vestidos lujosísimos. Pocos minutos después, enseñó la desnudez de una cruz áspera que dejó junto al trono; una corona de espinas que solo tocarla hería (la depositó junto a la corona de oro); una lanza que simulaba aquella otra que hirió el costado de Cristo y que fue a parar junto al cetro y un cartel donde ponía INRI, que fue lo único que acompañó (junto con los clavos y un pedazo de tela) al cuerpo desnudo de Cristo en la cruz.

«Ese día entendí –decía más tarde Antonio, aún sobrecogido– que el reinado de Cristo es pobreza y desnudez, entrega hasta el final».

Como dice san Pablo, *Cristo se hizo pobre para enriquecernos a todos con su pobreza* (*2 Co* 8, 9). Pídele no dilapidar tan rica herencia por la comodidad de una conducta egoísta. Ten la valentía de examinar si acaso no lo estás haciendo ya. Ten el coraje, con su gracia, de imitarle.

3. Cristo es rey… ¿y cuál es su poder? «No es el poder de los reyes y de los grandes de este mundo –dice Benedicto XVI–, sino que es el poder divino de dar la vida eterna, de librar del mal, de vencer el dominio de la muerte»[4]. Cristo puede ayudarte en tu lucha contra el pecado, en tu pelea contra los vicios que castigan tu cuerpo y tu alma. Ante la tentación y la debilidad, acude a Cristo Rey.

«Es el poder del Amor, que sabe sacar el bien del mal, ablandar un corazón endurecido, llevar la paz al

---

[4] BENEDICTO XVI, *Angelus,* 22-11-2009. Y lo que sigue.

conflicto más violento, encender la esperanza en la oscuridad más densa». Un discípulo de Cristo debe estar incapacitado para el odio, porque sabe lo que es el perdón y la disculpa hasta la muerte en cruz, trono gozoso de nuestro rey.

Es necesario que, en este momento de tu vida, en este rato de oración, elijas: «¿a quién quiero seguir? ¿A Dios o al maligno? ¿La verdad o la mentira? Elegir a Cristo no garantiza el éxito según los criterios del mundo, pero asegura la paz y la alegría que solo él puede dar».

Es tiempo de tomar decisiones; de tomar partido por el humilde rey de todo lo creado: Jesucristo. Es tiempo de acudir a su Madre si te faltan las fuerzas. Porque ella permaneció al pie de la Cruz, y junto a ella es más fácil abrazarse al trono de su Hijo.

TRIGESIMOCUARTO DOMINGO. CICLO C. JESUCRISTO REY DEL UNIVERSO

1. Cristo es Rey y su trono es la cruz.
2. Un Rey rico en misericordia.
3. Propagar el reinado de Cristo.

1. Este domingo, él último antes de comenzar el tiempo de Adviento y con él un nuevo ciclo litúrgico, celebramos la solemnidad de Jesucristo Rey del universo. Esta fiesta fue instituida por el papa Pío XI en 1925 y situada al final del calendario litúrgico en el último domingo del tiempo ordinario por la reforma litúrgica llevada a cabo por el Concilio Vaticano II. El evangelio de Lucas elegido para hoy nos presenta a Jesús en la cruz, observado por el pueblo, insultado por los sacerdotes y los soldados, blanco de las burlas de los que contemplan la escena, incluso uno de los malhechores crucificados a su lado le increpa (cfr. *Lc* 23, 35-39). Nada que ver con la imagen de los reyes que se presentan habitualmente en escritos o pinturas. No hay rastro de majestuosidad humana, de poder, de riqueza o lujo, ni del homenaje dado por sus súbditos. Cristo en la cruz, clavado, desnudo, insultado, es la antítesis de la imagen de un rey.

Y sin embargo decimos que es Rey, y no de un país, nación o imperio, sino de todo el universo, de cuanto ha sido creado. Su trono no es fastuoso, al contrario, es la angosta y desnuda cruz su auténtico trono. Jesucristo es Rey desde la cruz. Su reinado es reinado de amor, entrega y servicio. Desde el trono de la cruz, que es también cátedra de la sabiduría más pura, nos ofrece su magisterio y nos llama a imitarlo en el amor hasta el extremo. Elevado en la cruz, Cristo «se encuentra a la "altura" de Dios, que es Amor. Allí se le puede reconocer. (…) Jesús nos da la vida porque nos da a Dios. Puede dárnoslo porque él mismo es Dios»[1].

2. Aparentemente, en la cruz, Cristo no tiene nada, ha sido desposeído de todo, representa una imagen de pobreza total. Y sin embargo es un Rey rico, no en las riquezas y bienes del mundo, sino en el amor y la misericordia divinas. Es propio de los monarcas dar con generosidad a aquellos que le sirven con lealtad y abnegación. Así han alcanzado títulos y posesiones infinidad de nobles, como agradecimiento por sus servicios y su lealtad. Por eso cuando aquel criminal que se encuentra a su lado se dirige a él para implorarle: *Jesús, acuérdate de mí cuando llegues a tu reino* (*Lc* 23, 42), recibe inmediatamente más de lo que podía esperar. Jesús, desde su trono de la cruz, emite una sentencia sobre él: *en verdad te digo: hoy estarás conmigo en el paraíso* (*Lc* 23, 43).

El malhechor, arrepentido de sus culpas, mira a Jesús, se abre a la verdad de lo que tiene ante sí y abraza la fe que le hace rogar a Cristo y reconocerle como Rey.

---

[1] Benedicto XVI, *Jesús de Nazaret*, 403.

Y por ello, sin dilación, recibe el perdón y la alegría de saber que ese mismo día estará con Cristo en su reino de paz. No hay grandes servicios que premiar ni una vida leal, sino un acto de arrepentimiento y confianza. Esto es lo que premia este Rey de misericordia y de amor. También aquí se diferencia de los reyes de este mundo. Por eso si quieres recibir de Cristo Rey el bien más preciado aprende de aquel criminal el camino, no en sus malas acciones, sino en su conversión. Como dice san Ambrosio, la de aquel malhechor «es un buen ejemplo de la conversión a la que debemos aspirar: muy pronto al ladrón se le concede el perdón, y la gracia es más abundante que la petición; de hecho, el Señor siempre concede más de lo que se le pide»[2]. No temas pedir, que Él te dará más todavía de lo que puedes imaginar. Es Rey rico y generoso presto para enriquecerte con su misericordia y darte copiosamente su gracia, no por tu mérito, sino por el suyo, el trono glorioso de la cruz.

3. Es propio de un buen súbdito querer la prosperidad y extensión del reinado de su Señor, también lo es de nosotros respecto del reinado de Cristo. Lo expresa de manera sublime san Josemaría en *Forja*: «*Regnare Christum volumus!* –queremos que Cristo reine. *Deo omnis gloria!*– para Dios toda la gloria»[3]. Este es grito del siervo fiel que quiere extender el reinado de su Señor, es tu grito y el mío. Qué oración tan hermosa y tan poderosa esta sencilla jaculatoria: ¡queremos que Cristo reine! Pero ¿cómo adelantar y extender su reino?

---

[2] S. Ambrosio, *Exposición sobre el Evangelio de Lucas*, 10, 121.

[3] *Forja*, 635, y lo que sigue.

Empieza por ti mismo, ¿quieres que Cristo reine? Empieza por buscar que reine en ti, en tu alma y en tu corazón; en tus pensamientos, deseos y acciones. Has de conquistar para Él lo que todavía en ti está bajo el dominio del mundo o, peor aún, del pecado. Has de luchar entonces. Por eso, continúa san Josemaría en el mismo punto de *Forja* que antes consideramos: «este ideal de guerrear –y vencer– con las armas de Cristo solamente se hará realidad por la oración y el sacrificio, por la fe y el Amor».

Arrodíllate ante este Rey clavado por ti en la cruz. Que encuentre en ti un súbdito leal, presto a cumplir sus mandamientos y a seguirle a cualquier combate. Tus armas son la oración y el sacrificio, así extenderás el reinado de tu Señor. Primero, tú, tus quehaceres cotidianos en cuya cima pones a Jesús, y desde allí, a todos los que te rodean y al mundo entero. Él va delante, te ha señalado el camino con su entrega en la cruz, y para que no te pierdas, te ha dado como madre a la reina, a la Virgen coronada por los méritos de su Hijo, que te alienta siempre en tus luchas.

TRIGESIMOCUARTA SEMANA. LUNES

1. Lo que el ojo no ve, pero Cristo sí.

2. Juzgar como Cristo el valor de las cosas.

3. No excusarse en si se tiene poco o mucho, el valor de lo que damos está en la entrega que hacemos de nosotros.

1. Había una sección de un popular programa de fútbol, dedicado a analizar los partidos de liga disputados la jornada precedente, que se llamaba «Lo que el ojo no ve» –ignoro si todavía existe tal sección, pero fue muy famosa en los años noventa y principios del dos mil–. En ese espacio del programa se ofrecían detalles o aspectos de la jornada que habrían pasado inadvertidos de no ser porque con una cámara los habían buscado e inmortalizado. Podían ser gestos de un jugador, expresiones curiosas de un entrenador, pero también cosas sucedidas en la grada, o una pancarta graciosa. Hoy el evangelio presenta un episodio propio de «lo que el ojo no ve». Aquel acto de una humilde viuda hubiera pasado desapercibido si no es porque Jesús hace que todos dirijan su atención hacia él y lo convierte en ocasión de ofrecernos una valiosa enseñanza.

El Señor tiene esta capacidad para ver lo que otros pasan por alto, se fija en cosas que a ojos de la mayoría son insignificantes. Muchos sí habrían prestado atención a los donativos echados por los ricos en el tesoro del templo, ya se encargaban ellos de llamar la atención de la gente haciéndolo de manera ostensible e, incluso, tocando unas campanas. Pero, tras ese espectáculo, las miradas se irían retirando del gazofilacio –así se llamaba el lugar donde se depositaban los donativos en el templo de Jerusalén. Entonces se acerca aquella pobre viuda, lejos ya de las miradas de la gente, para echar sus dos monedas (cfr. *Lc* 21, 1-2). Inesperadamente, Jesús llama la atención sobre lo que sucede, y dice: *en verdad os digo que esa pobre viuda ha echado más que todos, porque todos esos han contribuido con lo que les sobra, pero ella, que pasa necesidad, ha echado todo lo que tenía para vivir* (*Lc* 21, 3-4).

2. Las miradas atónitas de la multitud, que no entiende nada: ¿cómo es posible que aquella viuda pobre haya echado más si solo ha contribuido con dos monedillas? Ellos ven solo lo exterior, Cristo ve, además, lo interior. Jesús no solo ve los detalles que para otros pasan inadvertidos, sino que, además, ve en el interior de las acciones de los hombres su valor y su significado auténtico. No es una cuestión de agudeza visual física, sino espiritual. Jesucristo posee unos ojos capaces de ver en el corazón de las personas y leer su intención en cada uno de sus actos. Por eso nada se le escapa, nada permanece oculto para Él. Lo que el ojo humano no alcanza a ver, para Cristo se manifiesta con una claridad meridiana. Nadie puede engañarle; nadie, ocultarle la verdad de su vida y de sus acciones.

Por eso la ofrenda no se mide por su cantidad, sino por su calidad. Lo que hace grato a los ojos de Dios, lo que hace la viuda es que es un auténtico acto de entrega de sí a Dios, poniendo todo lo que tiene en sus manos. Eso es lo que alcanza el favor divino. Ni todas las riquezas del mundo pueden comprar lo que la viuda ha logrado con sus dos monedas. Así es el modo de ver y juzgar de Dios. No lo pases por alto, porque tú también estás obligado a presentar tu ofrenda, como lo estaban los ricos y la viuda.

Así pues, para acertar en tu ofrenda, lo primero es que sepas qué has de ofrecer, y para ello has de aprender lo que es valioso a los ojos de Dios. Dicho de otro modo, has de aprender a ver las cosas como las ve Él y a juzgarlas como las juzga Él. Pide entonces una auténtica conversión de la mente y del corazón para entender lo que es riqueza a los ojos de Dios y no quedarte deslumbrado ante riquezas humanas, que nada valen a los ojos del Salvador.

3. Decía un sacerdote sabio y santo, ya fallecido hace unos años, que era clave el «apostolado de no dar» para garantizar la rectitud y la eficacia de los medios que se ponían. Con eso quería decir que no se regalaran las cosas, que debían costar, también económicamente, porque –decía– si no tocan el bolsillo, las cosas no las sentimos como propias. Con el paso del tiempo he ido comprendiendo la verdad de sus palabras. Las cosas, si no nos cuestan, no las valoramos. Has tenido experiencia de ello, posiblemente en primera persona. Cuando es otro quien paga la factura de la luz, no te preocupas de apagar todas las luces innecesarias; así los hijos son, con frecuencia, reprendidos por sus padres, que sí pagan las facturas, por dejarse luces encendidas.

Sucede también en tu vida de hijo de Dios. Si esta no alcanza a tu bolsillo, es que quizá la vives todavía superficialmente. Porque tu vida de cristiano abarca todos los aspectos de la existencia, también lo económico. Tienes obligación de vivir una relación con el dinero conforme al evangelio, que significa desprendimiento, atención a los más necesitados y atención a las necesidades de la Iglesia. Todo cristiano tiene la obligación, según la medida de sus posibilidades, de dar limosna a quien pasa necesidad y contribuir a sostener a la Iglesia y a sus labores de apostolado. Piensa cómo cumples estas obligaciones. No busques excusa en que no tienes grandes bienes o en que has de ahorrar para tal o cual cosa. Reflexiona en conciencia lo que puedes dar, recuerda a la viuda del evangelio, no es cuestión de cantidad, sino de lo que de ti ofreces con tu donativo. Prívate de algo, de un capricho, de algo que te guste, y dalo para los pobres o para ayudar en tu parroquia o al grupo que frecuentes. A lo mejor te parece poco, pero no lo desprecies. Puede ser poco a los ojos del mundo, pero si es ofrenda de ti mismo, de aquello que te has quitado para dárselo a Jesús en sus pobres o en la Iglesia, es precioso a los ojos del Señor, como lo fue la ofrenda de aquella pobre viuda.

TRIGESIMOCUARTA SEMANA. MARTES

1. ¿Cuándo será el fin del mundo?
2. Los signos elocuentes de la presencia de Dios.
3. Un amor que no sea pura formalidad.

1. Borja había leído, no sé dónde, que en pocos meses iba a llegar el fin del mundo. En concreto, en noviembre de ese mismo año. Hay profetillas que periódicamente anuncian un final nunca consumado (al menos de momento... porque alguno algún día acertará).

El niño solo tenía once años y no mucha formación. La noticia le impactó de tal modo, que no solo él sino todos sus amigos fueron en comandita al confesonario. Uno tras otro, pidieron perdón por sus pecados. Había que estar preparados para el encuentro con el juez misericordioso. El sacerdote pronto comprendió que todos venían movidos por la noticia sensacionalista del momento. No desaprovechó la ocasión. Les dijo que el mundo no se iba a acabar, pero que no por ello dejaran de confesarse. Así lo hicieron... y todos contentos.

La preocupación por este dato no es nueva. En una ocasión, al salir de la ciudad santa, un discípulo le mostró a Jesús el espectáculo maravilloso de los poderosos muros que sostenían el templo de Jerusalén. «La respuesta del Maestro fue sorprendente: dijo que de esos muros no quedaría piedra sobre piedra. Entonces Andrés, juntamente con Pedro, Santiago y Juan, le preguntó: Dinos cuándo sucederá eso y cuál será la señal de que todas estas cosas están para cumplirse (cfr. *Mc* 13, 1-4)»[1].

A los Apóstoles les había picado la curiosidad: ¿Cuándo será el fin del mundo? «Como respuesta a esta pregunta, Jesús pronunció un importante discurso sobre la destrucción de Jerusalén y sobre el fin del mundo, invitando a sus discípulos a leer con atención los signos del tiempo y a mantener siempre una actitud de vigilancia». Cristo no les anuncia la hora, sino que les exhorta a estar siempre atentos y en gracia de Dios, a buscar el bien en cada instante y la generosidad en cada acto.

Es valiosa la conclusión que extrae de este pasaje Benedicto XVI: «De este episodio podemos deducir que no debemos tener miedo de plantear preguntas a Jesús, pero, a la vez, debemos estar dispuestos a acoger las enseñanzas, a veces sorprendentes y difíciles, que él nos da».

¿Quieres en este momento preguntarle alguna cosa a Jesús, quizá escondida desde hace tiempo en algún rincón oscuro de tu corazón? Aprovecha para hacerlo con confianza. Él te escucha.

2. Es cierto que el final de los tiempos vendrá precedido de una serie de signos. El evangelio de hoy describe algunos. Los especialistas en la Biblia han tratado de investigarlo con mayor o menor acierto. Hablan de signos celestes, tales como particulares movimientos del sol. También –di-

---

[1] Benedicto XVI, *Audiencia*, 14-06-2006. Y lo que sigue.

cen– vendrá acompañado de acontecimientos históricos tan significativos como la conversión de los judíos.

No deben preocuparnos estas cosas. Más bien, nos debe mover el deseo de recibir muy bien al Señor en caso de que hoy mismo deseara juzgar al mundo y a nuestras conciencias. Recibamos a Cristo cada día con amor y no tendremos miedo el día aquel de nuestro encuentro definitivo con Él.

«Acojamos a nuestro Dios y Salvador, el verdadero médico, el único capaz de curar nuestras almas, él que tanto sufrió por nosotros –decía san Macario–. Llama sin cesar a la puerta de nuestro corazón para que le abramos y le dejemos entrar, para que descanse en nuestras almas, nos lave los pies y los envuelva de perfume y se quede con nosotros. En un lugar del evangelio, Jesús reprende a uno que no le había lavado los pies, y en otro lugar dice: "Mira que estoy llamando a la puerta; si alguien oye mi voz y abre la puerta, entraré en su casa..." (*Ap* 3, 20). Por esto ha soportado tantos sufrimientos, ha entregado su cuerpo a la muerte y nos ha rescatado de la esclavitud: para venir a nosotros y morar en nosotros»[2].

Los signos que verdaderamente deben captar nuestra atención son aquellos que muestran la presencia de Dios en medio de nosotros llamando a nuestra puerta: su presencia silenciosa en todos los tabernáculos, la inhabitación de su Espíritu en nuestra alma en gracia, los designios de su divina, constante y cotidiana providencia... Esos son los signos más elocuentes que nos gritan calladamente.

Presta atención a las cotidianas delicadezas de Dios para con los hombres. Pídele a la Virgen ojos para verlas.

---

[2] San Macario, *Homilías espirituales* 30, 9. Y lo que sigue.

3. Durante diez años fue director de una clínica para mayores. Su trato era exquisito; su educación, intachable. Sin embargo, año tras año, las encuestas realizadas por el hospital con ánimo de mejorar su servicio lo dejaban una y otra vez en evidencia. Los pacientes se reconocían bien tratados, pero nada queridos. Sus gestos revelaban inconscientemente tanta profesionalidad como falta de amor. El amor no se ve, pero se nota.

Jesús, te lo pido: que no me conduzca contigo de esta manera. Deseo quererte con un amor que sea algo más que pura formalidad. Quiero unirme a ti con toda mi alma y con todo mi corazón; ser consciente de tu presencia dentro de mí y aumentar así mis deseos de agradarte en todo momento.

Cristo «está llamando sin cesar, queriendo entrar. Acojámosle, pues, e introduzcámosle dentro de nosotros, ya que Él es también nuestro alimento, nuestra bebida, nuestra vida eterna».

Piensa que «toda persona que no lo acoge ahora en su interior, para que ahí descanse, o mejor dicho, para que ella descanse en Él, no heredará el Reino de los cielos con los santos; no podrá entrar en la ciudad celestial».

Ya está bien –es agua pasada– de un cristianismo formal o meramente cumplidor. Acoger a Cristo es encender el alma. Hospedar a Jesús y a su Espíritu Santo es fuente de amor y santidad. Fomentar en nuestro interior el trato encendido con cada una de las tres divinas personas, eso es lo específicamente cristiano. Y eso es, por otra parte, vivir pendiente del final de los tiempos, porque, el día en que toque –da igual cuál sea–, estaremos preparados para seguir unidos a Él en un diálogo, lleno de amor y de alegría, por los siglos de los siglos.

TRIGESIMOCUARTA SEMANA. MIÉRCOLES

*1. Un sueño de seguridad y confianza en
sí mismo que termina con un amargo despertar.*
2. Confiar en Jesús.
*3. Actúa como si todo dependiera de ti, sabiendo que
en realidad todo depende de Dios.*

1. De las muchas obras que se exhiben en la National Gallery de Londres, hay una que siempre me ha impresionado especialmente, a pesar de no ser de las más notables con que cuenta entre sus fondos. Se trata de un cuadro de Rembrandt titulado "El festín de Baltasar", que plasma un episodio del libro de Daniel que viene muy al pelo de los temas propios del final del año litúrgico y que te narro a continuación. Baltasar, poderoso rey de Babilonia, que Daniel sitúa –figuradamente– como sucesor del gran Nabucodonosor, ofrece un formidable banquete a los notables del reino y a sus convidados. Según palabras de Daniel: *Bajo el efecto del vino, Baltasar mandó traer los vasos de oro y plata que su padre Nabucodonosor había cogido en el templo de Jerusalén,* *para que bebieran en ellos el rey junto con sus nobles, sus mujeres y sus concubinas* (*Dn* 5, 2). *De repente* –prosigue Daniel– *aparecieron unos dedos de mano humana escribiendo sobre el revoque del muro del palacio real, frente al candelabro; y el rey veía el dorso de la mano que escribía* (*Dn* 5, 6). Hasta ese momento Baltasar, seguro de sí mismo y confiado en su poder y sus posesiones, se había abandonado a cuantos placeres se encuentran al alcance de un rey. La aparición de la mano y de la escritura en el muro le sobresaltan y le llenan de terror, algo que Rembrandt supo expresar en su cuadro de modo magistral. Es como si de improviso hubiese despertado de un sueño y cayese en la cuenta de que la seguridad y comodidad que creía inquebrantables son, en realidad, un espejismo. La interpretación de las palabras escritas que le ofrecerá Daniel, que anuncian el fin abrupto de su reinado y la ruina total para él, confirmarán lo que empieza a experimentar.

Quizá también tú tengas la tentación, en distintos momentos de la vida cuando te van bien las cosas, de abandonarte, como Baltasar, en esa sensación de seguridad y éxito que, sin embargo, es tan solo un espejismo. Que no te tenga que despertar, amargamente, de ese letargo un sobresalto o una desgracia. Por eso, ojalá pongas tu confianza en Jesús y no en las cosas de la tierra.

2. Precisamente Jesús en el evangelio nos invita a no confiar en nosotros, sino en Él: *meteos bien en la cabeza que no tenéis que preparar vuestra defensa* –dice a sus discípulos–, *porque yo os daré boca y sabiduría a las que no podrá hacer frente ni contradecir ningún adversario vuestro* (*Lc* 21, 14-15). Pero tienes que entender bien estas palabras de Jesús. No sea que tengas la tentación de interpretarlas como aquel niño de primaria que me decía: «si rezo y le pido a Dios por los exámenes, ¿ya no tengo que estudiar?». «No –le dije–, tienes que estudiar aún más, porque es tu obligación. A Dios no le pides que haga las cosas por ti, sino que te ayude a hacerlas como a Él le gustan: sin dejarte llevar por la pereza, con puntualidad y muy bien hechas».

La llamada a la confianza solo en Él que nos hace Jesús en el evangelio de hoy no significa en absoluto que podamos dejar aquello que es obligación nuestra: formarnos y esforzarnos en aquello que conviene a nuestra vocación y circunstancia personal. Confiar en Jesús y no en nuestra inteligencia, fortaleza o cualquier otra cualidad personal que tengamos, no significa dejar de usar con provecho aquello que Dios nos ha dado para que dé fruto en la tierra. Significa que seas consciente de que, en último término, es Dios el único que puede sostenerte, el único que puede garantizar el cumplimiento de tu vida. Y por eso es el único digno de confianza, el único en quien apoyarse sin temer caer al vacío.

Pero no olvides que Jesús acostumbra a obrar a través de medios ordinarios. Si te ha dado, por ejemplo, buena cabeza y tienes cualidades intelectuales, es para que uses de ellas y te formes y estudies para dar razón de tu fe y de tus actos. La eficacia de tus palabras no vendrá de tu ciencia o de tu elocuencia, sino de Dios, pero Él actuará contando con esas cualidades que te dio precisamente para servirse de ellas en el momento oportuno.

3. Entonces, ¿cuál es el justo medio entre lo que he de hacer y lo que debo esperar de Dios? Es claro, con lo que venimos considerando, que no se trata de no hacer nada. No puedes dejarte llevar por una especie de «quietismo» que te relegue a la inacción esperando que Dios obre todo por su gracia sin el concurso de tus actos voluntarios. Pero si la pasividad e indolencia no es el camino, tampoco puede serlo el querer sacar adelante las cosas solo por propia voluntad. El activismo que a veces nos domina y nos lleva a ir de un lado a otro con un ritmo frenético no lleva a ninguna parte. La carga sobre nuestra espalda que pone actuar únicamente por voluntad, fiando a nuestro esfuerzo el éxito, y buscando solo la eficacia y, más aún, la eficiencia, puede terminar fácilmente por aplastarnos.

No es un equilibrio fácil, pero es capital mantenerlo. Hacer aquello que esté en tu mano, esforzarte generosamente hasta donde tus fuerzas y tu capacidad te lo permitan, pero saber en todo momento que es de Dios de quien depende, en último término, el fruto de tus acciones. Ten también la certeza de que Dios no nos prueba ni exige nunca por encima de nuestras capacidades ni de la asistencia que nos ofrece con su gracia. Por eso confía en Él más que en ti, pero esfuérzate en aquello que sabes que es tu obligación. San Ignacio de Loyola resumió con extraordinaria lucidez esta actitud: «Actúa como si todo dependiera de ti, sabiendo que en realidad todo depende de Dios».

TRIGESIMOCUARTA SEMANA. JUEVES

1. El destino de lo que se edifica sobre el pecado.

2. Confiar en una reacción de última hora
puede ser una ilusión vana.

3. El final en cualquier caso es triunfo de Dios.

1. Con gran consternación para sus oyentes Jesús anuncia la destrucción de Jerusalén, y lo hace sin ahorrar detalles, con un lenguaje lleno de dramatismo y de imágenes que llenan de congoja el corazón. No es la única ciudad de la que se anuncia su destrucción en el Nuevo Testamento. En el Apocalipsis se hablará de la caída de Babilonia, la gran ciudad. «Dos ciudades que no acogieron al Señor, que se alejaron del Señor; dos ciudades que se sentían satisfechas de sí mismas»[1] y que serán ambas destruidas.

Si Jerusalén representa la ciudad de Dios, aquella que debía acogerle y recibirle, Babilonia representa la ciudad cimentada sobre el mal y toda forma de pecado.

---

[1] PAPA FRANCISCO, *Meditación* en la Domus Sanctae Marthae, 27-11-2014. Y lo que sigue.

Avaricia, lujuria, poder tiránico, todo eso simboliza la gran Babilonia, que es, además, ocasión para el pecado de los demás reinos que la acompañan y siguen en su desenfreno. Babilonia es, según palabras del papa, «el símbolo de toda sociedad, de toda cultura, de toda persona alejada de Dios; también alejada del amor al prójimo, que termina por pudrirse, por pudrirse en sí misma. Y al final esta Babilonia, que era morada de demonios, cae por espíritu de mundanidad, cae por corrupción».

La gran ciudad parecía invencible, se sentía segura en sus pecados y corrompiendo a todos con su maldad, y sin embargo en un momento se ve destruida. Así ocurrirá con las fuerzas del pecado. El poder, la avaricia, la injusticia, la lujuria y sensualidad mundanas parecen invencibles, se alzan a veces como gigantes frente a los que la voz de la Iglesia y el esfuerzo de sus hijos por no caer en ellos parecen insignificantes. Y sin embargo ten por seguro que todos esos poderes caerán, y lo harán con estrépito como la gran ciudad. También habrá quien llore su caída, como lloraban y hacían duelo por la gran Babilonia los reyes de la tierra en la visión del Apocalipsis (cfr. *Ap* 18, 9). No te cuentes entre ellos, por la caída de la corrupción y del pecado, por muy terrible que sea el espectáculo de su ruina, no derrames una lágrima, son lágrimas de añoranza del pecado.

2. A veces me preguntan, sobre todo chicos o chicas jóvenes que sienten curiosidad por casos extremos y llamativos, si una persona que ha pecado gravemente y de manera reiterada, aun a sabiendas de que está mal, pero luego se arrepiente antes de morir, ¿da igual lo que haya hecho? Y enseguida la siguiente pregunta, entonces, ¿para qué esforzarse en evitar pecados si al final con arrepentirse basta? Piensan –aunque no lo dicen– en cosas relacionadas con su manera de divertirse o con la sexualidad. Muchas veces buscando apoyo y razones para luchar en algo que ven hacer a amigos suyos. Dejando de lado ahora que el bien tiene en sí un atractivo superior que hay que descubrir, al contestarles intento que se hagan cargo de que las cosas no son tan simples como las presentan. ¿Qué nos hace pensar que una persona que se ha abandonado en manos del pecado va a arrepentirse sinceramente al final?

La misericordia de Dios no falla nunca y tiene poder ilimitado, capaz de borrar de un plumazo una montaña de culpas acumuladas a lo largo de toda la vida, si se acude a ella, aunque sea en el último momento. El problema es si alguien que se abandona deliberadamente en los brazos del pecado podrá después reaccionar. No me refiero al pecado de debilidad aquí, a aquel que quiere enmendarse una y otra vez, y una y otra vez cae, sino al que se deja llevar de manera consciente y gustosa por el pecado. Dostoyesvki ha descrito de manera sublime en el personaje de Stavroguin, de su novela *Los demonios*, lo que va haciendo en el alma abandonarse en los vicios conscientemente. Los actos humanos van configurando, para bien o para mal, a la persona hasta llegar un punto en el que dar marcha atrás puede resultar casi imposible. Puede llegar el momento en que se hace deleitoso para el alma incluso la maldad misma, convirtiéndose en dependiente de ello como si de una adicción se tratase. Le sucede a Stavroguin cuando dice sobre su crimen más abominable: «No es que me haya gustado la abyección, sino que ese estado de embriaguez, derivado de la penosa conciencia de mi ruindad, me gustaba».

El problema es que el pecado cuando se apodera del alma lleva a esa podredumbre que es ya corrupción y puede privar de la fuerza para reaccionar. Porque, precisa el papa, «la corrupción te da algo de felicidad, te da poder y también te hace sentir satisfecho de ti mismo, pero no deja espacio para el Señor, para la conversión».

3. La otra ciudad, Jerusalén, cae por un motivo diferente, del que nos conviene también aprender. Jerusalén no es la ciudad del pecado, como simboliza Babilonia, al contrario, es la ciudad de David, la esposa engalanada para recibir a su Señor. Por ella llorará Cristo y se lamentará de su incredulidad. Ella es la que tantas veces ha querido ser congregada en torno a su Señor, como la clueca hace con sus polluelos. Y sin embargo no recibe a su Señor, sino que da la espalda a Cristo. Jerusalén cae porque da la espalda a su salvador, porque debía esperarlo y recibirlo, y sin embargo se cierra sobre sí misma. Prefiere la seguridad de sus sacrificios y de su templo al nuevo templo que es el cuerpo del Señor.

No caigas tú también en esa distracción fatal de mirarte a ti mismo y a lo que haces y tienes, en lugar de tener los ojos puestos en Jesucristo, el Salvador. Aquel fue el error dramático de Jerusalén. Y sobre todo ten ánimo. La caída de ambas ciudades no es la última palabra. A la caída de Babilonia sucede un grito de júbilo por la liberación del pecado, y al anuncio de la destrucción de Jerusalén siguen palabras reconfortantes del mismo Señor: *alzad la cabeza; se acerca vuestra liberación* (*Lc* 21, 28). *¡Aleluya! La salvación, la gloria y el poder son de nuestro Dios* (*Ap* 19, 2).

TRIGESIMOCUARTA SEMANA. VIERNES

1. Las palabras del Señor no pasan.
2. Las palabras del Salvador no son para
oírlas una vez y nada más.
3. Vivir la Palabra.

1. Acaba el año litúrgico y escuchamos, casi como últimas, las lapidarias palabras del Señor: *el cielo y la tierra pasarán, pero mis palabras no pasarán* (*Lc* 21, 33).

El tiempo es la carcoma de la mentira, decían los antiguos. Dos mil años dan fe de la perenne actualidad de la palabra de Dios, palabra que nunca se pone vieja. La historia ha conocido el ocaso de civilizaciones enteras, la muerte de ideologías y el apagarse de imperios aparentemente omnipotentes; la palabra de Dios, siempre presente, pervive por generaciones; por muchos estudiada, rezada y llevada a los altares, sin gastarse jamás; al contrario, demostrando su perenne novedad.

Las palabras de Jesús están consignadas fundamentalmente en la Sagrada Escritura, pero también forma parte de las fuentes de la revelación la Tradición de la Iglesia. La palabra escrita en la Biblia es palabra de Dios; si bien ella no agota el conocimiento que tenemos del Dios trino. La experiencia de la iglesia, transmitida desde tiempos apostólicos, da fe del querer de Cristo.

De este modo, cuando la Iglesia quiere conocer cuál es la voluntad de Cristo con respecto a una circunstancia concreta, recurre a ambas fuentes: Escritura y Tradición. Pongamos un ejemplo, a ver si así se entiende.

En 1994, Juan Pablo II publicó la carta apostólica *Ordinatio sacerdotalis*, donde se cuestiona acerca de la ordenación sacerdotal de mujeres. En este documento, el Pontífice se apoya tanto en la Escritura como en la Tradición constante y firme de la Iglesia (n. 4) para justificar que jamás se han presentado mujeres al ministerio sacerdotal. Sobre la base de esta Escritura y esta Tradición, Juan Pablo II concluye que la elección de apóstoles varones por parte de Cristo no fue una cuestión solo cultural o transitoria, sino querida y deliberada, sostenida en el tiempo por la Iglesia, que así lo ha entendido desde siempre y de modo constante con el paso de los siglos.

Las palabras de Cristo no pasan: ya en la Escritura, ya en la Tradición. Nuestra relación con respecto a ella ha de ser «oír, ver, tocar y contemplar», como señala Benedicto XVI en la exhortación apostólica *Verbum Domini*.

«Oír» la palabra de Dios mediante la participación activa en la liturgia, la escucha atenta en la Eucaristía o su lectura cuidadosa y cotidiana; «verla», cuando permitimos que entre a fondo en nuestro corazón, llegando a lo más íntimo del alma abriendo las puertas de nuestra imaginación e inteligencia a su consideración; «tocar» la palabra llenos de fe, como san Juan tocó al Verbo de la vida o santo Tomás introdujo sus manos en el costado y en las manos, abandonando entonces toda incredulidad; y «contemplar» la palabra, en gesto de sumisión y amor, y decir con voz convencida *aquí estoy, Señor; ¡háblame!, que tu siervo escucha.*

2. No siempre resulta fácil la lectura del texto sagrado. Hay pasajes en los evangelios de muy difícil comprensión; otros que incurren en contradicciones, a veces demasiado evidentes, como para ser obviadas; y otros muchos que, siendo lógicos y bastante claros, parecen no decirnos nada.

«No quiero decir que esas aparentes oposiciones sean inexplicables –razonaba san John Henry Newman–, sino que, en general, en los relatos evangélicos hay bastantes momentos en que no es fácil penetrar en los pensamientos de Cristo cuando dice algo; no es asunto ligero intentar ponerse en su lugar, aunque sea en parte, ni aclarar qué sentimientos o impulsos le llevaron a decir esto o aquello»[1].

El predicador entiende la dificultad en comprender la palabra revelada. Anima a no abandonar ese empeño, y ofrece propósitos concretos: ponerse en el lugar de Cristo, intentar conocer qué sentía en cada momento y qué mociones impulsaban su corazón... «en una palabra, lo que quiero grabar en vuestra mente es que las palabras de nuestro Salvador no son para oír una vez y nada más, sino que, para entenderlas, tenemos que nutrirnos de ellas, vivir de ellas; así las iremos entendiendo cada vez mejor, poco a poco».

Si quieres entender la Escritura, tendrás –perdóname que te lo diga así– que pegarte muchas veces con ella.

---

[1] J. H. Newman, *Sermones Parroquiales*/3, Madrid 2009, 136-137. Para lo que sigue, p. 137.

3. Es necesario leer la Palabra de Dios cada día si deseamos verazmente comprenderla mejor. «Lo normal ahora es tratar al Salvador del mundo de manera irreverente e irreal, como si fuera una idea o una visión; hablar de Él con tal estrechez y poco provecho como si solo supiéramos su nombre, aunque en la Escritura tenemos abundantes detalles de su estancia real entre nosotros, de sus gestos, palabras, hechos, donde fijar los ojos. Hasta que captemos esto, hasta que nos dejemos de vagas afirmaciones acerca de su amor, de su disposición a recibir a los pecadores, a proporcionar arrepentimiento y ayuda espiritual, y cosas por el estilo, y empecemos a verlo a Él, en concreto, con sus palabras reales, las que constan en la Escritura, no habremos sacado del evangelio el beneficio que nos ofrecen».

Vivir la Escritura en primera persona. Haber gozado de la contemplación del Verbo de la vida; como decíamos en el primer punto de nuestra meditación, tocar a Cristo en su palabra. Entonces la fe se vuelve objetiva. Entonces el amor se hace real.

«Es más, quizá nuestra fe corra cierto peligro porque, si el pensamiento de Cristo no es más que una creación de nuestra mente, es de temer que poco a poco esa fe vaya cambiando o extinguiéndose, se pervierta o sea incompleta. Mientras que, si contemplamos a Cristo como revelado en los evangelios –el Cristo que existe ahí, externo a nuestra imaginación– y vemos que es un ser que vive realmente, que pasó realmente por la tierra como cualquiera de nosotros, al final creeremos en Él con una convicción, una confianza y una integridad, tan indestructible como la creencia en nuestros propios sentidos. Para un cristiano, no es posible meditar en el evangelio sin sentir, por encima de toda duda, que el sujeto de todo el evangelio es Dios».

TRIGESIMOCUARTA SEMANA. SÁBADO

1. Su reino no tendrá fin.

2. Si Cristo reina, nosotros descansamos.

3. El corazón con facilidad sucumbe a los agobios de la vida.

1. No sabemos cuándo vio la luz por primera vez, si bien es seguro que desarrolló su actividad en la primera mitad del siglo IV. Participó en el concilio provincial de Ancira, donde había nacido (en la actualidad, Ancara, capital de Turquía), y en el concilio ecuménico de Nicea.

Quedan solo unos pocos fragmentos de su obra. Iba dirigida contra un tal Asterio, pensador seguidor de Arrio que defendía que Jesús no era verdadero Dios. Marcelo quiso demostrar a todos que Cristo era Dios. Tenía buena intención. Sabía a ciencia cierta que Jesucristo es el mismo Dios que el Padre y el Espíritu Santo... pero erró gravemente en sus argumentos y fue acusado con prontitud por sus opositores.

Trataré de explicártelo de un modo simplificado porque, a decir verdad, sus teorías son bastante complicadas. Marcelo pensaba que Dios era originariamente uno, pero, habida cuenta de los hechos acaecidos en la historia de los hombres, se había producido la encarnación de una especie de emanación igual a Él: el Hijo. Aún habrá una tercera Persona (el Espíritu Santo) que procederá de los otros dos y que opera en los creyentes después de Cristo.

La teoría de Marcelo era equivocada porque, según la misma, en definitiva, la existencia de tres Personas en el único Dios no era real. La Trinidad respondía a los avatares de la historia de modo que, cuando se consumen los tiempos, Dios volverá a ser (esta vez, de modo definitivo) uno y único. El Hijo y el Espíritu obrarán entonces esa reunificación en Dios mismo.

La Iglesia entendió que de este modo no se afirmaba de verdad que hay tres personas en Dios, sino que tanto el reino de Cristo como el papel santificador del Espíritu resultan solo temporales: terminarán cuando todo acabe y no habrá más que uno solo Dios y una sola Persona, si se pudiera hablar así. En respuesta a Marcelo de Ancira se introdujo en el Credo algo que todos recitamos con mucha tranquilidad –y quizá sin enterarnos– cada domingo: *y su reino no tendrá fin*. Esta frase no estaba en los primeros símbolos de la fe: fue añadida por los concilios antiguos para recordar que el reino de Cristo no terminará nunca, al contrario de lo que parecía sugerir el de Ancira.

Hoy es el último día del año litúrgico: el sábado de la trigesimocuarta semana de tiempo ordinario. Desde el domingo pasado, Solemnidad de Cristo Rey, una consideración ocupa nuestra alma: Queremos que Cristo reine.

¿Dónde? En nuestra inteligencia, en nuestra voluntad, en nuestro corazón, en nuestra vida entera.

¿Hasta cuándo? Hasta el final de los tiempos.

¿Y después, no? Después, también, por toda la eternidad, en compañía de tantas personas a las que quisimos más que a nosotros mismos. Cristo reinará también sobre mí en el cielo. Quiero que sea así. Deseo que sea así: para que todo mi corazón sea puro y limpio, y esté preparado para gozar del amor más grande. Cristo para siempre, porque su reino no tendrá fin.

2. Cuando Dios no reina sobre cada uno de los rasgos –pequeños o grandes– de nuestra vida, asoma pronto la falta de paz y el cansancio de nuestro ánimo. Nos entregamos entonces a una actividad irrefrenable: deseamos hacerlo todo ya y cuanto antes... ah, y lo mejor posible. Nos convertimos en jueces durísimos de nuestros propios actos. En el fondo, nos consuela muchísimo lo que hacemos, porque es lo único que da sentido a nuestro día a día. En definitiva, nuestra vida depende de ese diario examen sobre cómo obramos. Y el día a día se llena de una continua tensión.

Por el contrario, cuando Cristo reina, la vida se convierte fundamentalmente en una respuesta a Dios. La santidad es el regalo que Cristo Rey está dispuesto a hacer al alma que reza.

El primer y casi el único propósito del alma deseosa de respirar la paz de Cristo y gustar la dulzura de ser gobernado por Él es rezar. Orar cada día, como vienes haciendo quizá desde hace tiempo: con este librito o con cualquier otro, y siempre con la palabra de Dios. Contemplar la vida de Cristo, saberla de memoria, traerla a la imaginación en la calle o en el mercado, en clase o con las amigas, en el fútbol o antes de dormir, porque es posible orar siempre.

Métetelo en la cabeza: la vida es respuesta a un amor más grande y anterior. Él nos amó primero (cfr. *1 Jn* 4, 19), dice san Juan; o como dice Pablo, me amó y se entregó por mí (cfr. *Ga* 2, 20).

Es muy poco agobiante ser católico. Cero estresante. Más aún: catolicismo y agobio son –debieran ser– incompatibles. Quien se estresa por vivir en cristiano es porque no lo ha entendido bien. Porque nuestro vivir consiste en una pálida –por lo poca cosa que somos– pero generosa respuesta a un amor inmensamente más grande y absolutamente anterior: el amor de Dios.

3. Las cosas de la vida, como nos advierte severamente el Señor en el evangelio, pueden saturar nuestra mente y echarnos a perder. ¿A qué cosas se refiere? Lo dice Él mismo: el vicio, la bebida y los agobios de la vida.

Fíjate bien en la comparación: pensarías que es una insensatez dedicarte a la bebida o ser un alcohólico; consideras deleznable ser un vicioso de cualquier género (juego, lujuria, etc.)…

Sin embargo, es muy probable que te parezca muy normal eso de entregarte a los agobios de la vida, como si fuera disculpable o incluso bueno. ¡Hay que ocuparse de las cosas! Ojo: el Señor los pone a un nivel semejante, quizá porque el activismo engancha casi tanto como el vicio o el beber, y acaba embotando nuestra vida interior de la misma manera que aquellos.

Conviene estar siempre vigilantes para no perder el buen camino por ninguna razón, sea la que sea. Durante la guerra civil española, un muchacho escribió una carta a san Josemaría exponiéndole cómo el corazón se le iba de las manos, se le escapaba. La situación de tensión, los agobios de la vida, su juventud y la dificultad de vivir su piedad intensamente hacían que poco a poco anidara la tristeza en su corazón y comenzara a rebosar de amargura. Dios iba pasando poco a poco a un segundo plano, y él experimentaba cómo su corazón se enamoraba de una chica. Se estaba apartando de su camino célibe que felizmente había abrazado en los inicios de su juventud.

El santo, con palabras de afecto, le escribió en respuesta a su misiva:

«Hijo mío, ¿Cómo va ese corazón? Espero que me trates ese punto con detenimiento en tu próxima. Desde luego, no te inquietes, ¿oyes? Pero no te quepa duda de que todos –¡yo también!– tenemos la natural inclinación al enamoramiento… Los santos –que no eran seres deformes, sino bien conformados, como tú y como yo– sentían esa "natural inclinación". Y, si no la hubieran sentido, su reacción "sobrenatural" de guardar el corazón –alma y cuerpo– para Dios, en vez de entregarlo a una mujer, ningún mérito habría tenido.

Por eso, visto el camino, creo –si no hay otros motivos: cuando nos veamos, charlaremos–, creo que una cara bonita no debe ser obstáculo para un hombre decidido y bien "enamorado"».

Estad siempre despiertos, dice el Señor; vigilantes, también en lo relativo al frágil corazón. Sin temores ni sustos. Pero con un empeño diario –¡continuo!– por tenerlo cerca de Dios, por vivir cada instante con Él.

ÍNDICE

TRIGÉSIMA SEMANA DEL TIEMPO ORDINARIO

TRIGESIMOPRIMERA SEMANA DEL TIEMPO ORDINARIO

TRIGESIMOSEGUNDA SEMANA DEL TIEMPO ORDINARIO